U0153844

ᔥ 西灣文庫 ｜ 第二輯 ଔ

【 編 輯 委 員 會 】

主　　編｜李美文

總策畫｜林慶勳

編輯委員｜（依姓氏筆畫排列）
　　　　　李美文、呂弘暉、何樹環
　　　　　林慶勳、翁佳芬、陳福仁
　　　　　應廣儀

執行編輯｜何樹環

全民閱讀 快樂人生

----《西灣文庫》出版序言

　　古人說「行萬里路，讀萬卷書」，這句話直到今日仍然有它深切涵義，行路腳到工夫，是培養身臨其境產生真實感的基礎；讀書眼到刺激，可以彌補耳聽傳說的不足。因此對現代人來說，因旅行而增廣見聞與由閱讀而增長智慧，不但是天地間第一等重要事，也可以幫助我們實踐快樂的人生。

　　美國石油大王洛克斐勒其人，很少人知道他有閱讀障礙，從小家裡請了許多家庭教師專門教他閱讀，最後都徒勞無功。他成名後需要面對眾人演講，他學習利用盲人點字方式說話，在演講時眼看觀眾手卻摸著點字版一個字一個字讀出來。其實佔人口極少數的人有基因缺陷，造成終身閱讀障礙，這其中包括政治家邱吉爾，以及偉大科學家愛迪生、愛因斯坦等人，不過他們最後靠自己的方法克服閱讀障礙，把自己推向成功的尖端。

醫學上研究結果，屬於閱讀障礙的失讀症並不影響一個人智能發展。通常失讀症者在解決問題、做重要決策和語彙使用上有極高天賦。他們能很快理解某種概念精髓，在建築、工程、科學以及音樂上有很高的天賦。然而今日生長在台灣這塊土地的許多人，不論是年輕或成年，好像視閱讀為畏途。科技愈發達給人類帶來的煩惱也愈多，或許有太多的年輕人甚至成年人整日沈溺在電玩之中，雖然他們之中有許多人並無閱讀障礙卻不愛看書，這其中有許多的原因可以探討，不過不喜歡閱讀任何書，則是不爭的事實。許多人都有相同經驗記憶，國外旅行時看到歐美的年輕人，抱著一本厚厚小說在候機室啃讀；在日本許多城市擁擠電車上，不論年輕人或年長者都人手一冊書籍用心閱讀，這些景況讓我們既汗顏又羨慕，為甚麼我們的國民不喜歡閱讀？

國立中山大學文學院，為了推廣全民閱讀風氣及終生閱讀的理想，擬將專業知識普及化，於今年 3 月起著手《西灣文庫》創刊及編輯工作。深切期望藉作者輕鬆筆調撰寫，將一般人認為艱澀難懂的專業性知識普及化；也希望藉閱讀

習慣的養成，訓練自我邏輯思考的進步。落實作法，先由文學院五個系所教師，撰寫自己平日研究領域文稿每冊約 3 萬字，最重要是一定要用通俗寫法，介紹各領域學問或專業知識。這項構想立即獲得文學院幾位同仁認同，在百忙中應允協助，在此特別感謝這幾位同仁，用撰寫行動支持這項有意義的工作。本套文庫的出版，可以讓大學生閱讀，培養讀書興趣與習慣；另一方面可以做為大學通識教育參考讀物，也希望能夠提供社會人士或者優秀高中學生的自修教材。更希望讓年輕學子從電玩瘋迷中，自動轉移到專業普及知識閱讀的樂趣，共同為全民因閱讀而增加智慧，並為解決全人類許多難題做出貢獻。

　　本項編輯工作的展開，由前任文學院院長中文系林慶勳教授提出構想並負責全盤策劃，兩週一次召集參與同仁何樹環教授、應廣儀教授及呂弘暉教授等人反覆討論，議定諸如撰寫體例、行文語體、出版形式，甚至於叢書定名等等。討論過程相當理性而愉快，每位同仁都從中學習到許多本行之外的知識，確實是一項很有意義的跨領域整合學習。謹以誠摯之心，感謝林教授等幾

位同仁的辛勞。本叢書出版之際,最後一些看似零星卻相當重要的工作,如從收集稿件到編輯校對,從裝幀設計到出版印刷,從書號申請到未來發行,鉅細靡遺的大小瑣事,都由何樹環教授一人辛勞的業餘付出。何教授對本叢書的出版費心費力,完全以全民閱讀的理想做為工作目標,無怨無悔盡情付出的精神,讓人十分感佩,在此特別感謝他的犧牲與奉獻。

　　最後本人謹代表文學院向開創這項有意義出版工作所有同仁致謝並致意,也寄望《西灣文庫》第二輯、第三輯……,能在同仁辛勤努力耕耘的基礎上迭創佳績並永續出版,讓全民閱讀的希望與實踐快樂人生的夢想早日實現。

國立中山大學　文學院院長

謹識

2009.11.12

目　　次

寫在前面

　　這篇文章的主旨是以 1874 年的牡丹社事件
爲歷史背景，由當時台灣政務的領導人沈葆楨
（1820～1879 年）處理這一事件並推展新的政
策，做爲我們理解變革與領導變革的個案。這一
研究個案的重點在於分析台灣在近代發展的過
程中，如何從舊有的體制邁向近代化的培植，尤
其對於西力東漸之後，十九世紀後半葉以來的中
國在此潮流衝擊下，臺灣社會如何回應，逐步進
行在地化的轉型。

　　從歷史的結構而言，日本侵臺發動該事件，
除了臺灣的地理位置重要之外，也與清初採取
「消極政策治臺」有關，這是沈葆楨赴臺救急的
背景，也是發動變革的政策環境。清廷當時消極
治臺的政策，使人易生「臺灣番境不利中國版圖」
之心。但是，他卻能以正面積極的態度分析：臺
地煤藏豐富、稻米、蔗糖產量又多，具有發展的
潛在優勢，開啓晚清在臺最後二十年的洋務運動
建設。

　　本文的主人翁沈葆楨是何許人耶？沈先生

1

字幼丹、翰宇，侯官縣（今福州市區）人。在
1847 年（清道光 27 年）考上進士，榜名振宗，
選為翰林院庶吉士。他是清末改革名臣林則徐的
外甥。林則徐的次女普晴（敬紉）才貌雙全，嫁
給了當時頗有才氣的沈葆楨。有一次，沈葆楨寫
了詠月詩，其中兩句是：「**一鉤已足明天下，何
必清輝滿十分**」。這兩句話的意思是說，彎彎的
一鉤殘月已能照亮大地，又何必要全圓的滿月
呢？林則徐（舅舅，後為岳父）看後，思考片刻，
隨手把「何必」的「必」字改為「況」字，使詩
句成了：「**一鉤已足明天下，何況清輝滿十分**」。
林則徐的謙虛進取之心躍然紙上，令沈葆楨佩服
不已。因為雖然是一字之差，但意思卻更具勇猛
精進的意涵，由清高自滿的語意變成了壯志凌雲
的生動寫照。

　　今日我們回顧 1874 年沈葆楨的變革，就覺
得像是前述改寫的積極詩句一樣，是一個充滿活
力，積極正面的領袖人物的寫照，在歷史的關鍵
時刻，以書生的本色開創變革的事業。沈先生一
生充滿奮鬥昂揚的精神，可說是立德、立功、立
言的實踐典範，他的各類奏摺收錄於有名的《福
建臺灣奏摺》，其中翔實敘述：「**未雨綢繆之計，**

正在斯時，而山前山後，其當變革者，其當創建者，非十數年不能成功。」（沈葆楨著，《福建臺灣奏摺》，〈請移駐巡撫摺〉，第 4 頁）。本文正是彙整相關文獻，對「其當變革者，其當創建者」進行分析，做為分享，以供學習。

　　當 16 世紀時，全球殖民與經濟擴展的浪潮在歐洲興起，隨即顯示出不可遏止的擴張態勢。當這股浪潮向東方奔流時，正值 17~18 世紀中國的「康熙、雍正、乾隆盛世」，而後幾百年之下，中國的發展道路深受此浪潮的影響。在臺灣，這反映在葡、荷、西的政經活動，與 1662-1683 年鄭成功政權的回應與清初海禁的歷史。舊的中國經歷了既相脫離又相對抗，到被動、被迫實行對外開放，以邊緣化和不平等的地位參與，再到主動、全面融入以歐洲資本主義移植的體系之曲折歷程。其中我們如由長期的歷史回顧，特別是清末的洋務運動，例如本案的沈葆楨理臺過程，由消極轉為積極，實代表著在當時鎖國的政策下開創了一條全新的戰略道路，是值得做為歷史的教材（請參閱下文〈圖 1 本文研究流程圖〉）。

　　換言之，在面對外來衝擊並嘗試回應時（而非相脫離），領導人對於在地化的建設路線的「

選擇」，經常是擺盪在「開放因應或閉關自守、消極被動或積極主動」的兩端之間。例如，沈葆楨所引領的洋務運動，也不斷面對「門戶開放/鎖國政策」、「全面西化/自立更生」，這些的變革矛盾或辯證浪花中的衝擊。

在黎明曙光之前，領導者處身動盪的浪花中，如何辨識時代潮流的趨勢呢？如何像前引沈葆楨的典故裡，由「何必清輝滿十分」的消極，轉到「何況清輝滿十分」的積極呢？這正是領導變革的議題引發我們再三思維的地方。

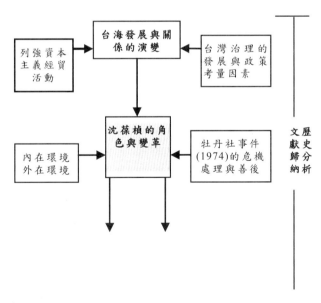

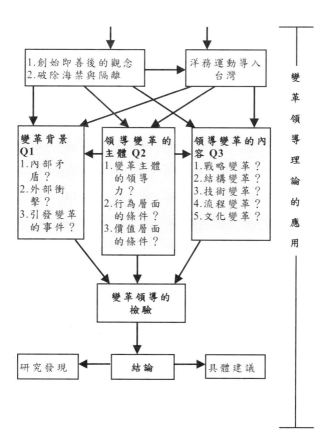

變革領導理論的應用

圖1 本文研究流程圖（資料來源：作者自繪）

牡丹社事件之前的臺灣

在西元 1867 年，日本開始有名的明治維新，而於三年後，他們也學西方列強開始派使到清代中國商談通商立約。就在 1871 年，日本派使到清國簽訂修好條規、通商章程的同時，同年的 11 月，有 66 名琉球人漂至臺灣南端的八瑤灣（今屏東縣滿州鄉），遭原住民（高士佛社，而非牡丹社）殺害 54 人，其餘 12 人得附近漢民楊友旺等人的協助，始得返回琉球。翌年，又有日本小田縣的縣民 4 人漂流到臺灣南端隨而遇害。在 1873 年，日本全權特使副島種臣利用與清國互換修約之便，趁機刺探清廷的態度，提出要求懲處所謂的臺灣「番」民。接著，順勢而來的便是舉兵入侵牡丹社，做為刺探後奪取臺灣的實際行動。

就歷史的長程角度，牡丹社事件（詳見後文分析）是日本的明治維新啟動之後，開始準備師法西方列強、躍入海權爭霸、對外擴張的一個具體行動。當然，也是影響臺灣的近代歷史具有關鍵性的一個事件。

「糖米之利甲天下」

　　首先，**歷史的舞台開演變革大戲**：在 1860
年代的歷史舞台上，中國與日本一樣都試圖變革
維新，力圖振作。清代中國經歷兩次鴉片戰爭和
太平天國運動沉重打擊之後，一股學習西方、求
強求富的「洋務運動」興起。前期以「自強」為
主，重在創辦使用機器生產的軍事工業和訓練新
式的軍隊。後期在「自強」之外，又提出「求富」
的口號，逐漸興辦工礦、輪船、電報、鋼鐵、紡
織等民用工業。如果我們不以戰爭勝負做為績效
評估，「洋務運動」確實加強了中外經濟的頻繁
互動，今日看來，實為對於西方資本主義十九世
紀在全球擴展過程的在地化回應。舉例而言，之
後 30 多年間，中國被迫開關的通商口岸由 1860
年前的 7 個增加到 1894 年的 34 個，外國貿易
的進口額也由 1864 年的 5,100 餘萬兩，激增為
1894 年的 1 億 6 千餘萬兩，高達三倍之多。進
口貨物中，1880 年代之前，鴉片自是佔據首位，
但是，在 1880 年代之後，棉織品躍居第一，鴉
片退居第二，則是表徵正常一般商品市場勢力的
變化，總進口的絕對數值一直持續上升。這也說

明資本主義的商品力量，是改變原有封建體制的
利器之事實。

其次，**地理的樞紐開啓霸權角力**：在地理的
版圖變動上，臺灣做為中國東海七省門戶的地
位，早已為西方列強所覬覦，其中尤以英、美兩
國態度最為積極。而臺灣之所以會被英、美覬
覦，主要牽涉到三項實際因素：第一，船隻罹難
的糾紛，第二，貿易因素，第三則是當時新興蒸
氣鍋爐必須的燃料「煤」。至於第一個因素的層
面，臺灣因位於東北亞、東南亞交界，19 世紀
時，西洋船隻常往來臺灣周遭的海域，並因此常
發生船難，船員漂到臺灣時，時常會被原住民殺
害或失蹤，例如在 1850 年（道光 30 年）拉邊特
號於蘭嶼附近失事，人員上岸後被原住民襲擊，
最後有三人為奴，9 個月後才被臺灣官員贖回遣
返，此事經過廣泛報導，遂有西方人流落臺灣為
奴的說法。於是，英、美兩國以此為藉口要求入
臺調查，進而以人道為理由，要求臺灣必須開放
西方人方便進入，這一藉口模式後來也是日本發
動牡丹社事件所沿用的。

至於貿易因素的第二個層面，早在鴉片戰爭
前，英國已私自到臺灣販賣鴉片。1824 年至 1833

年間,英國船一再自廣東私運鴉片,到臺灣的鹿
耳門、雞籠、淡水等地。在 1859 年(咸豐 9 年)
怡和洋行的報告即稱,臺灣鴉片價格由官員所操
縱,每月全島消費約七百箱。英國的皇家地質學
會會刊在 1863 年(同治 2 年)的一篇文章中也
寫道:鴉片幾乎是全臺灣三百萬人的生活必需
品,據說連臺灣的原住民也開始學習吸食。相對
而言,外商收購的商品主要是樟腦,以 1850 年
代為例,臺灣每年約出口一萬擔,由於樟腦是由
臺灣道台專賣,官方付給生產者每擔 6 元,賣給
外商 8 元,而外商在香港賣出樟腦的價格可達
18 元,既獨佔市場,獲利又高。

　　至於燃料「煤」因素的第三個層面,由於蒸
器鍋爐運用在船上,煤亦是洋人所需,具有商業
及軍事價值。從 1847 年(道光 27 年)開始,英、
美的海軍人員開始勘查雞籠煤礦起,臺灣煤的品
質一直受到西方過高的評價,英、美的海軍、外
交人員均來臺進行調查,認為臺灣的煤「質精、
量大而便宜」。以上這些豐富的背景,都說明英、
美為主的西方列強對臺灣地理與地位感到興趣
的原因。

　　再者,**商品的系統開展結構轉型**:臺灣的具

有資本主義性格的農業經濟型態,吸引資本主義
體系的移植、茁壯與擴張,加速其國際化的進
程。自荷蘭據臺以來,臺灣的產業結構就具有強
烈的輸出傾向。清朝繼鄭氏王朝取得臺灣後,臺
灣的貿易對象僅侷限於中國大陸,輸出物品以
米、糖為主。在 1958 年(咸豐 8 年)英法聯軍
之役清廷戰敗,簽訂了《天津條約》,開放臺灣
的安平港供外國人通商,後來又在《附約》中追
加開放淡水、打狗(今高雄市)、基隆三港,使
臺灣被納編進入世界貿易體系,茶、糖、樟腦成
為臺灣輸出的三大物品,現在位於高雄西子灣紅
毛城旁邊的英國領事館,就是開港後英國人所建
的。

　　於是,資本主義開啟在地的經貿大門。臺灣
開港讓外商勢力進入以後,也造就了一批買辦階
級。所謂買辦,主要是指受僱於外商代理或經辦
貿易業務的商人。這些買辦有的是從大陸過來,
有的是臺灣本地興起的。許多買辦與外商接觸
後,久而久之因為頗為熟悉市場行情,轉而由自
己經營。最著名的例子就是台北大稻埕的李春
生,他年少時在廈門的洋行任職,而在 1865 年
(同治 4 年)到台北寶順洋行當買辦,協助陶德

經營茶葉致富。另外，高雄的陳福謙也是買辦出身，後來經營蔗糖直銷日本，在橫濱、長崎、神戶都有設置商館，又直銷英國，成為清末商品輸出業的巨擘。

在 20 世紀以前，臺灣大抵是具有資本主義性格的農業經濟型態，工業則以糖、米和 19 世紀中期興起的樟腦、茶葉等農產品加工業為主。尤其，臺灣自 1874 年牡丹社事件之後，人口激增，從清初的「糖米之利甲天下」（康熙末年，藍廷珍來臺感言），到清末的「臺灣富庶海內豔稱」（大陸省分至臺募款賑災文宣，見後文。臺灣為清末中國唯一出超的省份），臺灣始終保持著高度繁榮，大量農產品的外銷和大陸工藝品的輸入，也使得鄉村中心、河港、海港等聚落逐漸形成，某種程度的都市化和都會區的雛形也隱隱然呈現。

牡丹社事件

遠在明代末年，除西方列強外，曾經覬覦臺灣的亞洲新興國家─日本也對臺灣虎視眈眈。前文提及，在 1871 年（同治 10 年），有一批琉球人因船難漂流至臺灣的恆春地區，結果被當地的

原住民所殺害。當時的琉球王國實際上分別臣屬
於清朝和日本，而日本正值明治維新之後，想藉
機拿下琉球編入其版圖。於是，趁此琉球人被殺
事件，以琉球為其屬民做藉口，於 1874 年（同
治 13 年）年 5 月出兵恆春，攻佔牡丹社、龜仔
角社等原住民部落，史稱「牡丹社事件」。清廷
面對此一情勢，認為日本有意佔領臺灣南部，乃
命令沈葆楨為欽差，來臺籌辦防務。

　　不久之後，清廷獲知日軍已登陸臺灣，且與
原住民發生激戰，因此改授沈葆楨為「**欽差辦理
臺灣等處海防兼理各國事務大臣**」，將福建所有
鎮、道歸其節制，江蘇、廣東沿海各口輪船准其
調遣，以便與日本及各國按約交涉。沈葆楨受命
後，便與福州將軍文煜、閩浙總督兼署福建巡撫
李鶴年聯合上奏，提出「**聯外交、儲利器、儲人
才、通消息**」等四項要求，清廷均予以嘉許，並
命迅速辦理。

　　同年 6 月，沈葆楨與福建布政使潘霨一同至
臺。沈先生以軍備刻不容緩，府城為根本之地，
遂於安平興建新式砲台，置放西洋巨砲以為防禦
（即有名的「億載金城」），同時派兵分駐枋寮、
東港等地，並請調淮軍最精銳的武毅銘軍（劉銘

傳部）唐定奎部隊六千餘人，及總兵張其光、吳
光亮等洋槍隊及粵勇共八千餘人先後抵臺，積極
備戰。

　　雖然，此時臺灣情勢一觸即發，但清廷本身
海防空虛，新疆回亂未平，不希望與日本發生正
面衝突；日本也因飽受臺灣南部瘴癘之氣所苦，
同時並未具備大規模的對外征戰能力，雙方遂簽
訂《北京專約》，日軍撤離臺灣。

本單元參考書目

尹章義、陳宗仁：《臺灣發展史》，臺北：交通
　　部觀光局出版，民國 89 年 2 月。

李國祁：《中國現代化的區域研究—閩浙臺地區
　　1860-1910》，臺北：中央研究院近代史研
　　究所，1985 年。

（清）沈葆楨：《福建臺灣奏摺》，臺灣文獻叢刊
　　29 種，臺北：臺灣銀行經濟研究室，1959

年。

林滿紅：《茶、糖、樟腦業與臺灣之社會經濟變
　　　遷（1860-1895）》，臺北：聯經出版事業公
　　　司，1997年。

郭廷以：《臺灣的開發與現代化（1683-1891）》，
　　　收錄於薛光前、朱建民主編，《近代的臺
　　　灣》，臺北：正中書局，1977年。

黃嘉謨：《甲午戰前之臺灣煤務》，臺北：中央
　　　研究院近代史研究專刊，1961年。

黃嘉謨：《美國與臺灣》，臺北：中央研究院近
　　　代史研究專刊，1979年。

臺灣省文獻委員會：《臺灣海防檔》，臺灣文獻叢
　　　刊110種，南投：臺灣省文獻委員會；1961
　　　年。

沈葆楨的變革領導力

　　牡丹社事件雖獲和平解決，但日本已探知到臺灣的虛實、清廷當局對國際化的態度與政策，乃至於臺灣洋務運動的發展概況，這也種下 20年後臺灣割讓給日本的潛因。至於沈先生個人的思想、理念和表現，和變革管理的領導力，對於其生命實踐的軌跡，自是風雲際會進入一個關鍵。如同許多個案，變革的啟動者是在歷史所提供的舞台上，揮灑個人的生命力，由變革的政策形成起步，乃至於其執行的推展過程，一步一腳印，逐步奮鬥。

　　著名作家史帝芬‧鮑姆（Stephen H. Baum）在《器量～領導品格的十個歷練》中評量傑克‧威爾許（Jack Welch）是全球公認 20 世紀最知名也最成功的企業領導人，即認為：領袖是後天培養出來的，不是天生的。

　　鮑姆經由長年的觀察中發現，許多卓越的領導人全都在人生中經歷過不平凡的個人成長契機，進而培養出領袖的本能。他細緻地剖析，這些個人成長培養出 5 大領導特質：「**領導欲、品格、自信、行動力與感召力**」，而這 5 大特質則

是由下列 10 項歷練打造出來的，包含：

1. 克服恐懼，挑戰不拿手的事；
2. 做出困難的決定；
3. 發揮好奇心，解開迷團；
4. 關照他人；
5. 讓別人認同自己的看法；
6. 用心與人交往；
7. 組成團隊；
8. 主動承擔任務；
9. 培養識人之明；
10. 自省。 （史帝芬‧鮑姆，2008）

本文基於以上宗旨，選定沈葆楨做為公元 19 世紀下半葉，西方資本主義的全球擴張中，臺灣對於國際潮流的回應之代表人物。作者接受前述鮑姆關於「不平凡的個人成長契機」的論點，因而認為 1874 年沈先生的變革管理係源於其所處年代的個人成長契機。關於沈葆楨之生平與領導力的磨練大要，大略分為幾項特徵（領導品格的 10 個歷練）如下文。

於 42 歲前的行政初試啼聲

這段期間對於日後的沈葆楨的能力培育，既

有初試啼聲,也有生死轉折的經驗,包括出仕地方主官、出戰太平軍。如前文所述,沈葆楨在1847年(清道光27年)考上進士,選為翰林院庶吉士。在1850年(道光30年),朝廷授與編修。又於1854年(咸豐4年),改江南道監察御史;翌年,任江西九江知府;可知其歷練豐富、升遷順利,擔任地方主官有熟練的領導經驗。這也由其傳記中可知,他並非偏安一隅,置身於太平天國戰亂之外。直到1856年(咸豐6年),開始面臨戰場上的實戰經驗,調署廣信(今上饒市)知府,與太平軍作戰,升任廣饒九南兵備道和吉南贛寧兵備道。又在1861年(咸豐11年),調赴曾國藩安慶大營辦理軍務。這是他在42歲之前的經歷。

於 47 歲前的征戰外交歲月

沈葆楨在戰亂中的表現愈加培育其領袖的領導能力與應變能力,包括:經營軍務農糧、熟嫻洋教、戰功輝煌。在1862年(同治元年),由曾國藩保奏,升江西巡撫,兼辦廣信糧台,這裡表現出他必須具備經營軍務與農務的雙重管理能力。此一時期,沈先生又妥善處理南昌法國教

堂被拆毀案件，當地紳民感其恩德，這件事蹟在
他的傳記中尤顯矚目，他是具有當時國際視野
的。

可知，沈先生在當代中屬於熟識洋務洋教、
國際趨勢之領袖型人物。並且，他的戰績立足於
他的驍勇善戰、旺盛的企圖心和實踐力，在 1864
年（同治 3 年）9 月，甚至急行軍五晝夜，俘洪
仁玕、洪仁政、黃文金等，並在石城荒谷搜獲洪
天貴福（洪秀全之子），隨而受到清廷重賞。

於 55 歲前的教育科技經營

在這段期間，沈葆楨的變革能力又持續增加
了經營船政、培育科技、開辦學堂、自製船艦等
的砥礪磨練。在 1866 年（同治 5 年），沈葆楨經
由幹練的閩浙總督左宗棠推薦，被朝廷授予總理
船政大臣。次年 6 月，正式主辦福建船政，卻無
奈遇到種種阻撓。經他與左宗棠上疏力爭，船政
業務得到發展。沈先生不顧英國人的反對，破格
聘請法國人日意格、德克碑為船政的正、副監
督。

他不僅重視學習外國的科學技術，更培養中
國自己的科技人才。沈先生善於籌策，既設「船

政前學堂」，培育造船人才，又設「船政後學堂」，造就航海駕駛人才。除了禮聘外籍專家，更勇於師法優良模式，例如在學堂的招生上，他採用英、法海軍學校的規章制度，參用中國的考試方法，入學前通過三場考試，嚴格挑選，教學則採取「教習包教，學生包學」的辦法（訓練採用契約形式，仿英、法師徒制，包教包會），提高學生的學習品質和效率。在沈先生主政期間，福建船政製造「萬年清」等 15 艘船艦，並為當時國家培育許多的科技人才和新式海軍的幹部。

於 55-56 歲的海防救急變革

在 1874 後的一年多時間，海防與臺灣經營雖是短暫的，卻是沈葆楨變革管理的最佳展現，主要包括：培育海防的人才、經營臺灣發展、主導臺灣轉型。如前文所敘，在 1874 年（同治 13 年）5 月，日本政府以琉球船民在臺灣遇害為藉口，派兵在臺灣社寮港登陸，佔據瑯嶠，建都督府。清廷任命沈先生為欽差大臣，率師入臺。他當即以「自信、行動力」，決定「理諭、設防、開禁」做為處理原則，調兵駐守各處，建築炮臺；鋪設海底電線，溝通閩台軍務；又抽調淮軍到

臺，充實防務。隨後，日本探知沈先生以文治與武略雙管齊下，加強臺灣防備，不敢輕舉妄動，轉而要求撫恤琉球遇害人員的家屬及賠償軍費。清廷答應其要求，日軍才退出臺灣。

　　在不到一年的期間，沈葆楨加強臺灣的行政管理，進行一系列的變革：將福建巡撫移居臺灣；增設臺北府，置淡水、新竹、宜蘭三縣，在瑯嶠增設恒春縣；分南北兩路開山辟道，招徠內地人民開發山區；宣佈編戶口、禁仇殺、立總目、墾荒地、設番塾（原住民學校）等七條約法；引進西洋機器，開採臺北煤礦；建鄭成功祠，發揚民族正氣；修築城垣，增強防禦力量。這正是下文將逐項分析的臺灣轉型之過程，也開啓了甲午戰爭割讓臺灣之前，晚清在臺最後 20 年（1874～1895）的洋務運動和變革經營。

本單元參考書目

史帝芬‧鮑姆 （Stephen H. Baum）、戴夫‧康堤（Dave Conti）著：《器量 — 領導品格

的十個歷練》（"What Made Jack Welch --
How Ordinary People Become Extraordinary
Leaders ?"），臺北：商智圖書，2008 年 2
月出版。

林崇墉：《沈葆楨與福州船政》，臺北：聯經出版
事業公司，1987 年。

科特（John P. Kotter）著，邱如美譯：《領導人
的變革法則－組織轉型成功的八步驟》，臺
北：天下遠見出版社，2002 年。

蘇同炳：《沈葆楨傳》，台灣省文獻會，1995 年。

沈葆楨的變革內容

臺灣在開港後（1858 年，咸豐 8 年）有許多重大的改變，不論是經濟或社會等各方面，臺灣皆逐漸發展出特有的光芒，在海角一隅閃動著；同時，列強對中國的覬覦與侵逼，也日益顯現臺灣在海防上的重要地位，因此，在前文所述幾次事件之後，清政府終於開始檢討應對之策，不但積極改革行政組織、加強軍備，並且興建近代化設施、清理內政及開發內山和後山（臺灣東部）。

清政府在臺灣的最後 20 年，雖然實際成效不如預期，卻也成為當時中國最現代化的一省，也是唯一出超的省份，也預示了臺灣日後的繁榮發展。談到清後期治台政策的變革，必然不能不從沈葆楨的功蹟開始講起。牡丹社事件發生後，清末中興名臣、當時身為福建船政大臣的沈先生受命為欽差大人來台籌防，匆匆抵台的他，在前文提及「聯外交、儲利器、儲人才、通消息」等四項思維下，面對幾個課題：

1. 如何進行變革管理？
2. 如何先由努力整頓軍備、防衛府城，

以致於調整全面的戰略呢？

3.再者，如何進入治理結構、行政流程的
改善呢？

4.最後，如何進一步促成臺灣社會文化的
變革呢？

這些便是現今我們思考臺灣發展的學習典範。舉
例來說，沈先生在臺南安平建新砲台與護城，名
爲「億載金城」，想的就是千秋萬載的發展，而
非急功近利的應付而已，這一點發願便是領導人
物所不同於常人者。

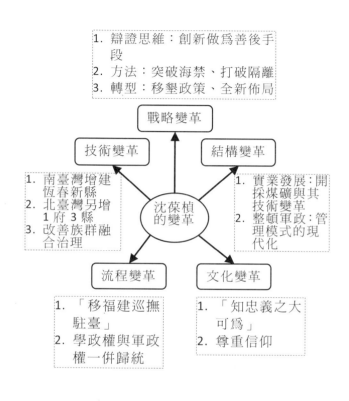

1. 辯證思維：創新做爲善後手段
2. 方法：突破海禁、打破隔離
3. 轉型：移墾政策、全新佈局

戰略變革

技術變革

結構變革

1. 南臺灣增建恆春新縣
2. 北臺灣另增 1 府 3 縣
3. 改善族群融合治理

沈葆楨的變革

1. 實業發展：開採煤礦與其技術變革
2. 整頓軍政：管理模式的現代化

流程變革

文化變革

1. 「移福建巡撫駐臺」
2. 學政權與軍政權一併歸統

1. 「知忠義之大可爲」
2. 尊重信仰

（資料來源：作者自繪）

戰略變革

　　本節所謂的戰略變革，簡單來說，是因爲沈葆楨將牡丹社事件「善後的處理」轉做爲變革「

開始」的戰略，這已屬於他值得被學習的長處，而將「創新」更做為善後的辯證思維，更是值得大加讚揚。

（一）辯證思維：創新做為善後的手段

沈先生赴臺防日侵略的任務完成後，對臺灣善後問題，特別重視。他提出：

> 臺地之所謂善後，即臺地之所謂創始也；善後難，以創始為善後則尤難。（《福建臺灣奏摺》，請移駐巡撫摺，第 1 頁。）

原因何在呢？沈先生立論分析：

> 臺地延袤千有餘里，官吏所治祇濱海平原三分之一，餘皆番社耳。國家並育番黎，但令薄輸土貢，永禁侵陵意至厚也。而奸民積匪，久以越界潛蹤，驅番占地，而成窟穴，則有官未開而民先開者；入山既深，人迹罕到，野番穴處，涵育孳生，則有番已開而民未開者；疊巇外包，平埔中擴，麃豕遊竄，草木蒙茸，地廣番稀，棄

而弗處，則有民未開而番亦未開者。是但
言開山，而山之不同已若此。生番種類數
十，大概有三，牡丹等社，恃其悍暴劫殺
為生，瞢不畏死；若是者，曰兇番。卑南、
埔裏一帶，居近漢民，略通人性，若是者，
曰良番。臺北斗史等社，雕題鏤面，向不
外通，屯據無常，種落難悉，獵人如獸，
雖社番亦懼之；若是者曰「王」字兇番。
是但言撫番，而番之不同又若此。（同前
註，請移駐巡撫摺，第 1～2 頁。）

　　基於上述形式的險峻與困難,沈先生認為需
有更細膩的措施，做為後山的開山撫番辦法，才
能有成效作為：

1.欲開山（需 14 條件）：

則曰屯兵衛、曰林　木、曰焚草萊、曰通
水道、曰定壤則、曰招墾戶、曰給牛種、
曰立村堡、曰設隘碉、曰致工商、曰設官
吏、曰建城郭、曰設郵驛、曰置廨署（同
前註，請移駐巡撫摺，第 2 頁。）

2.欲撫番（需 11 條件）：

> 則曰選土目、曰查番戶、曰定番業、曰通
> 語言、曰禁仇殺、曰教耕稼、曰修道堡、
> 曰給茶鹽、曰易冠服、曰設番學、曰變風
> 俗。（同前註，請移駐巡撫摺，第 2 頁。）

以今日的眼光來看，其行政思維與配套措施，既繁複又周延，但確是達成目標的戰略所必要的。而且，這二者更是相輔相成，必須同時進行的戰略內容。沈先生剖析：

> 夫務開山而不先撫番者，則開山無從下
> 手；欲撫番而不先開山，則撫番仍屬空
> 談。（同前註。）

其管理思維層次分明，則逐項推演說明，戰略是以目標做導引的，整體貫徹：所謂的開山並非單指芟除草木，開闢道路而已；而撫番，亦並非單指撫循生番，禁其仇殺而已。相互配合，效果交錯，兩者的最終目的，是沈先生自述的「置廳署、變風俗」。

（二）方法：突破海禁、打破隔離

　　此外，他也明白，變革的環境也影響了戰略的執行。開山撫番的辦法決定後，就要積極的開發後山（即今之東部），招募墾民，否則就算有可耕之地，無入耕之民眾已充實，終將前功盡棄的。但是，沈葆楨面對的卻是舊有體制對於臺灣的束縛，一是鎖島海禁政策，二是種族隔離政策，今日看來俱是違反時代與人性潮流的。

　　按照清代中國當時的政府舊例,規定臺灣不准內地人民偷渡,禁令有以下六項,值得我們細讀深思：

1.孥獲偷渡船隻,將船戶等分別治罪,文武官議處,兵役治罪。

2.如有充作客頭,在沿海地方引誘偷渡之人,為首者充軍,為從者杖一百、徒三年；互保之船戶及歇寓知情容隱者杖一百、枷一箇月；偷渡之人杖八十,遞回原籍,文武失察者,分別議處。

3.內地商人置貨過臺,由原籍給照,如不及回籍,則由廈防廳查明取保給照；該廳濫給,降三級調用。

4.沿海村鎮有引誘客民過臺數至三十人以上者
，壯者新疆為奴，老者煙瘴充軍。

5.內地人民往臺者，地方官給照盤驗出口；濫
給者，分別次數罰俸降調。

6.無照民人過臺，失察之口岸官照人數分別降
調；隱匿者革職。（《福建臺灣奏摺》，臺地後
山請開舊禁摺，第 12 頁。）

　　依照前述禁令如此嚴格，移民自然不多，如
何開山呢？何況所移民者良莠不齊，如何談到永
續經營呢？

　　另外，關於種族隔離政策，清廷還定下臺民
私入番界禁令有三條，羅列以下：（同前註，臺
地後山請開舊禁摺，第 12～13 頁。）

(1)凡民人私入番境者杖一百；如在禁番處所抽
　藤、釣鹿、伐木、採棷者杖一百，徒三年。

(2)臺灣南勢、北勢一帶，山口勒口分為番界；
　如有偷越運貨者，失察之專管官降調，該管
　上司罰俸一年。

(3)臺地民人不得與番民結親，違者離異、治罪
　，地方官參處；從前已娶者，毋許往來番社
　違者治罪。

　　可知，在前述的鎖島海禁、種族隔離雙層政

策之下，開山伊始，招墾方興，最後將會不了了之，這是變革的最後收場嗎？沈葆楨於 1874 年（同治 13 年）12 月上奏朝廷：

> 臣等揆度時勢，合無仰墾天恩，將一切舊禁盡與開豁，以廣招徠，俾無瞻顧。（同前，第 13 頁。）

變法與革新缺一不可，「將一切舊禁盡與開豁」，解禁開放的政策將隨變革而越加開展！

當時的其他管制經貿政策，也必須易弦更張，例如，鐵、竹二項亦在當時禁止買賣之內，以「鐵」為例，當時私開、私販者治罪，於民眾日常生活諸多不便，沈先生亦要求悉弛舊禁，以斷胥役勒索之路，以充分臺灣民生日用之需。（同前，第 13 頁。）

因此，清廷於 1875 年（光緒元年）正月指示內閣：

> 沈葆楨等奏「臺灣後山亟須耕墾，請開舊禁」一摺，福建臺灣全島自隸版圖以來，因後山各番社習俗異宜，曾禁內地人民渡

臺及私入番境，以杜滋生事端。現經沈葆
楨等將後山地面設法開闢、曠土亟須招
墾；一切規制，自宜因時變通。所有從前
不准內地人渡台各例禁，著悉與開除。其
買鐵、竹兩項，並著一律弛禁，以廣招徠
。（大清德宗景（光緒）皇帝實錄，卷 3，
光緒元年正月戊申「諭內閣」，第 4～5 頁。）

（三）轉型：移墾政策、全新佈局

今日我們可從上述諭令中得知，清廷治臺態
度轉變—從山前至全島，「一切規制，自宜因時
變通」，從消極防杜到積極開發。變革開始了，
於是在廈門、汕頭、香港各設招墾局，往臺者免
費乘船來台者有船票，官予種子、房屋及 1 年半
口糧，每人水田 1 甲、旱地 1 甲，每 10 人耕牛
4 頭、農具 4 副，三年後才收租賦。這種由官方
主動給予人民方便，鼓勵前來移墾，非僅是臺灣
開發史上的創舉，即在中國本土各地方也不多
見。

在此之前，針對國際化的日漸壓力，1858
年的《天津條約》是對外國人開放臺灣可通商、

傳教；沈先生的開放政策則是對漢人自己開放耕
墾。這是臺灣史上在地化的主要轉折，對於臺灣
的後續發展有變革之舉。

　　建制政策翻轉了，後勤人員也招募了，資源
器材也準備了，剩下的就是實際行動。當時，沈
葆楨開山撫番工作初步是交由軍隊以武力進
行，分做南、中、北三路進行。此三路開路工程，
沿途各部野番常有狙擊，阻礙前進，而軍隊或剿
或撫，加以建壘駐兵以警衛之，一年之間（至
1875 年（光緒元年）11 月底）計開路 859 里。
各路規制為平路寬一丈，山溪濶六尺。沿途，開
山部隊築碉堡，屯駐營哨，安撫良番，征討生番。
例如：日軍撤退後，獅頭社番乘虛出獵，戕殺兵
民，欲焚滅莊民，各莊婦孺環籲營門，致遊擊軍
官王開俊入剿獅頭社番時，不幸遇伏身亡（《福
建臺灣奏摺》，遊擊王開俊請卹片，第 28 頁）。
沈先生因獅頭社之變，將開山撫番的任務改為易
撫為剿，實出於無奈，不過南部「番地」局面遂
告穩定，使日後臺灣的「番地」經營比較偏重於
南部、東部，也就是今日的恆春與臺東平原。

　　至 1875 年（光緒元年）4 月，沈先生晉升
為兩江總督，未履任前仍督飭開山撫番事宜。由

上述可知，他的開山撫番固然對於雙方歷史遺憾
處處，卻是具有戰略規劃的。後置安頓的工作是
積極的由官方主動執行，給予移墾的人民方便，
鼓勵他們來臺墾殖，是臺灣開發史上的創舉；而
開山撫番前拓初步工作，是交由軍隊進行的，遇
不服的兇番，則以武力征討。先後與南路的獅頭
番社及北路木瓜五社血戰，但從此山前至山後的
交通道路完成，為開山撫番奠定了良好的基礎。

　　同年 6 月 13 日，沈葆楨奉朝廷諭令晉升為
兩江總督的新職。在此情況下，開山撫番工作經
由福州將軍文煜、閩浙總督李鶴年、福建巡撫王
凱泰與沈先生四人會商決議：「開山撫番，勢難
中止」。清廷為了鞏固海防、防患未然及節省經
費，乃支持開山撫番繼續施行。

結構變革

　　除了戰略上的大翻轉，沈葆楨對於牡丹社事
件後，也進行了政經、社會結構的變革。尤其，
沈先生為洋務自強運動的傑出領袖之一，自然明
白推行新政必須有配合的行政架構做為因應管
道。例如，在牡丹社事件後**推行自強新政**，以機
器開採基隆煤礦，備置輪船航行福建、臺灣之

間，於安平建新式砲台（即億載金城，仿巴黎城堡，外圍有護城河），這些具體措施均需要新的政策，進行結構變革。

　　就政治架構而言，臺灣原為福建省內的一個「道」而已，在沈葆楨到臺之時，臺灣行政區域僅為臺灣 1 府，轄臺灣、鳳山、諸羅（後改名為嘉義）、彰化 4 縣；淡水、噶瑪蘭 2 廳。當時，軍、政、文、教的重心仍在島嶼南部。沈先生權衡全局，而有「平衡南北」之遠圖，視實地需要於臺灣南北各有變革，分析於下文，以證明其果斷與格局遠非今日「墨守南北失衡為當然耳」者所可相較的。

（一）南臺灣增建恆春新縣

　　由於瑯嶠一帶的洋面，常有船舶撞礁，與當地生番年年發生糾紛；例如同治六年美國船羅發（Rover）號事件。當時即有人提出設官駐兵，為一勞永逸之計，但政策討論後卻不果斷執行。到了 1874 年牡丹社事件，日人仍藉口侵臺。雖然，經沈先生防日侵台有方，再度阻止外人覬覦之心，隨即進行開山撫番等善後工作。但仍可由沈先生在 1874 年（同治 13 年）12 月上奏的〈南

北路開山並擬布置瑯嶠旗後各情形摺〉中，看到
外人窺伺情形。他的奏摺說明：

> 十月三十日，有日本輪船一隻泊龜山下，
> 隨有五人登岸，周覽舊營；時許始歸。十
> 一月十一日，復有輪船一隻泊清港口，隨
> 有西洋人五名登岸，經前臺灣鎮曾元福、
> 軍功汪兆榮阻詰，據稱係簪文國人。查西
> 洋向無此國；詢諸日意格云：殆日耳曼轉
> 音之訛也。該洋人求至新營一觀；淮軍管
> 帶官李常孚、胡國恆等整隊而出，該洋人
> 旋即下船開洋而去。（《福建臺灣奏摺》，
> 南北路開山並擬布置瑯嶠旗後各情形
> 摺，第 8 頁。）

　　當此時清廷兵多將廣進行防臺、治臺，列強
外人仍如此大膽窺伺臺灣島內。沈先生乃思急於
瑯嶠履勘後，興建新城並安置官吏，以為永久駐
防之計。

　　同年 12 月，沈葆楨親自到瑯嶠履勘後，認
為自枋寮南至瑯嶠，居民俱背山面海，外無屏
障，而車城南十五里之猴洞，忽山勢迴環，其主

山由左迤趨海岸，而右中廓平埔，周可二十餘里，似爲全台收局。從海上望之，一山橫隔，雖有一巨礮，力無所施，建城無踰而比縣名擬曰「**恆春**」（沈葆楨著，《福建臺灣奏摺》，請瑯嶠築城設官摺，第 24 頁）。並擬先設知縣議員審理詞訟，俾民番雙方有所憑依；畀之親勇一旗，以資號召移墾。但爲了節省經費，其餘武員、學官、佐貳且置爲緩圖，以一事權（沈葆楨著，同前註）。對於建立恆春新城一事，翌年正月清廷照准。

（二）北臺灣另增 1 府 3 縣

至於臺灣北部，逐漸開闢，人口日多。近與各國通商，華洋雜處，睚眦之怨即啓釁端，而八里坌一帶從教者漸多，防範稽查尤非易易（《福建臺灣奏摺》，臺北擬建一府三縣摺，第 56～57 頁）。由此可知，當時漢民新墾殖地界開闢不同，口岸分歧出入不同，移民人群生聚亦不同，但官吏的選派又分身無術，難免公事積壓、疑難重案等情形均所不免，政經駕馭也難周全，科舉考試（赴道考者）、詞訟調解又難整齊。當時，移植社會的擴張，臺灣道台夏獻綸本身即有改淡水同

知為直隸州、改噶瑪蘭為知縣，設一縣於竹塹之請。

　　並且，臺灣所在的海防、洋務，都屬瞬息萬變，恐怕連地方官員都不足以擔當。尤其在 1874 年以來，自噶瑪蘭之蘇澳起，經提臣羅大春「撫番開路」至新城二百餘里，至秀姑巒又百餘里，倘山前之佈置尚未周詳，則山後之經營從何藉乎？因此沈葆楨提議建請：

> 就今日之臺北形勢策之，非區三縣而分治之，則無以專其責成；非設知府以統轄之，則無以挈其綱領。（同前註，臺北擬建一府三縣摺，第 57～58 頁。）

這 1 府 3 縣建於何地呢？沈氏奏曰：

> 擬於艋舺創建府治，名之曰臺北府；自彰化以北直達後山胥歸控制，仍隸於臺灣兵備道。其附府一縣，南劃中櫪以上至頭重溪為界，計五十里而遙，北劃遠望坑為界，計一百二十五里而近；東西相距五、六十里不等，方圍折算百里有餘，擬名之

日淡水縣。自頭重溪以南至彰化界之大甲
溪止，南北相距百五十里，其間之竹塹即
淡水廳舊治也，擬裁淡水同知改設一縣，
名之曰新竹縣。自遠望坑迤北而東，仍噶
瑪蘭廳之舊治疆域，擬設一縣，名之曰宜
蘭縣。……請改噶瑪蘭通判為臺北府分防
通判，移駐雞籠以治之。（同前註。）

對這樣的大幅建制，清廷於 1875 年（光緒元年）
12 月同意沈先生之建議。

（三）改善族群融合，南北平衡治理

　　除了前述政經結構治理的變動，沈先生亦提
出南北路番、民雙方治理照顧的方法。牡丹社事
件日軍退去後，由於內山開闢日廣，榛莽日開，
蠢頑歸化，漢民與番社互動頻仍，番民交涉事件
日漸增多，舊有的治理，無論地理或人力特別苦
於行政的鞭長莫及。原有的制度下，臺灣向來分
設南北兩路「理番同知」：(1)南路駐紮府城；(2)
北路駐紮鹿港。為了「杜其猜嫌，均其樂利」，
擬「將南路同知移紮卑南，北路同知改為中路移
紮水沙連」（也就是位置上南的更往南，中的更

深入，更遷就、靠近原民山區），各加「撫民」
字樣，凡有民番詞訟，俱歸審訊；將來昇科等事，
亦由其經理，似於民番大有裨益。原本，其南北
路的屯餉向來由各縣征收，交該同知散放者，該
同知既經移紮更靠近山區，礙難兼顧，應改由各
縣「就近自行發給」（同前註，請改駐南北路同
知片，第 60 頁）。沈先生的這種就地便民的企
畫，清廷於 1875 年（光緒元年）12 月照准。

　　我們總結以上沈葆楨治理臺灣結構的變
革，有 3 項管理上的突破：1/加強防務：他將自
強新政推行到臺灣；例如恆春築城，臺南安平設
置新式砲臺（仿巴黎要塞）等。2/扣緊閩臺：除
購進鐵甲船以備臺灣安全外，閩、臺之間亦設置
火輪船以便航運，以利轉輸。3/建制變革：力求
平衡臺灣南北（請參閱下文〈圖 2〉），自 1874~
75 年起：

（1）臺灣由 1 府增為 2 府（臺灣府、臺北府）；
（2）前者臺灣府（台南）管轄臺灣、鳳山、諸
　　　羅(嘉義)、彰化、恆春 5 縣；
（3）後者臺北府（台北）管轄淡水、新竹、宜
　　　蘭 3 縣；
（4）另有輔助統轄體制：卑南、水沙連（埔里

社）、雞籠（基隆）、澎湖等 4 廳。

當時，經營的幅員遍及臺北、臺南、臺東、宜蘭等地。尤其是臺北府的設立使臺北成為臺灣的另一政治重心，而且地當衝要，經濟繁榮，其重要性與日俱增，等到中法戰爭以後，已取代昔日臺南的地位，成為臺灣的政治重心。就結構的興替上，沈葆楨調整臺灣行政區域的措施是有確定臺北政治地位、促進臺灣北部地區加速國際化與在地化之進程的。

臺灣道 【1723 年（雍正元年）～1874 年（同治 13 年）時期】							
沈葆楨的變革	臺灣府（台南）						
1875 年（光緒元年）設 2 府 8 縣 4 廳（力求平衡臺灣南北）	噶瑪蘭廳	淡水廳	彰化縣	臺灣縣	嘉義縣	鳳山縣	澎湖廳

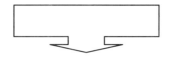

臺灣道 【自 1875 年變革之後】										
臺北府				臺灣府（台南）						
宜蘭縣	基隆廳	淡水縣	新竹縣	彰化縣	水沙連廳	臺灣縣	嘉義縣	鳳山縣	恒春縣	卑南廳	澎湖廳

（註：楷書體為新設立或改制的地方。）

圖 2 沈葆楨的臺灣南北平衡變革

（資料來源：作者自繪）

技術變革

　　關於變革管理，涉及技術的部分可分為有形的與無形的。以沈葆楨的變革而言，有涉及（1）加強防務：如前一節分析，沈先生將自強新政推行到臺灣；如恆春築城，臺南安平設置新式砲臺等，都涉及有形的新技術的引用。(2)扣緊福建、臺灣兩地的協力：除購進鐵甲船以備臺灣安全外，閩、臺之間也設置火輪船以便航運，以利轉輸，又明顯涉及有形的交通技術的提升。（3）開採礦藏：煤礦的探勘與開採為海防的要務；基隆煤礦即是中國第一座以機器開採的西式經營的

煤礦。（4）軍政管理模式的提升：這是國防的防務在無形的管理技術上的精進，涉及組織編組與人力資源的管理。本節將對於後兩項涉及無形的「管理模式」（參見下文〈表 1 沈葆楨的技術變革：超越機器層次的管理模式〉），進行深入的分析，以讓我們瞭解沈先生的變革管理，並不限於機器與技巧而已。

（一）實業發展：開採煤礦與其營運變革

如同鎖島海禁、種族隔離等舊制一樣，臺灣在清朝初期統治原本禁採煤礦。鴉片戰爭後各國覬覦臺灣煤礦，但是臺灣煤礦仍由民間私自開採。1874 年牡丹社事件後，臺灣煤礦問題受到清政府的重視，北洋大臣李鴻章、南洋大臣李宗羲和前任江西巡撫丁日昌開始主張要開採臺灣煤礦，但是直接決定開採臺灣煤礦的則是沈葆楨本人。

同樣的，法制變革仍是沈先生必須面對的關鍵，他首先解決了臺煤的出口稅問題。1875 年他上奏《臺煤減稅片》，奏請臺煤出口應予減稅，以解決臺煤與洋煤在稅制上的不公平待遇，使臺煤有機會和洋煤競爭中國大陸的市場，使煤的利

益回到中國本身。另一方面，臺煤出口減稅更可和日本煤競爭，以賺取外匯。沈葆楨力陳其中關鍵因素：

> 臣等伏思臺地之病，病於土礦；土礦之病猶於人稀。重洋遠隔，必利市三信，而後內地食力之眾，不召而來。墾田之利微，不若煤礦之利鉅；墾田之利緩，不若煤礦之利速。全臺之利以煤礦為始基，而煤礦之利又以暢銷為出路。（《福建臺灣奏摺》，臺煤減稅片，第 14 頁）

也就是說，開採煤礦的速利厚潤，可以改變臺灣的積弱，這種簡明的論證之下，沈先生主張：

> 今擬請將出口臺煤，每頓減為稅銀一錢。（同前註）

固然，在臺煤的減稅優惠中，已經可以看到當時外國人藉機介入的身影：當時外國人在臺灣的單位（例如淡水稅務司）竭力推動臺煤減稅方

案,主要還是爲了在中國沿海航行的外國輪船打算。但是,在牡丹社事件的善後,沈葆楨有其就地籌款,廣開財源,確保變革成功之規劃考量。他在當時燃眉之急,國家財政困難之際,其智慧應變可見一斑。他能以內外雙贏的角度,剖析形勢:

> 如蒙天恩允准,伏懇飭下總理衙門劄行總
> 稅司,言明臺煤無關民間日用,而為洋舶
> 所必需,是以減稅惠商;南北洋各關口均
> 不得援以為例。(同前註,臺煤減稅片,
> 第 14 頁)

　　從此,臺灣的煤礦開採取得官方政策獎勵,所入經費充足供應在地的建設。又由於清代中國缺乏機器採礦的經驗,必須請外國人協助;在經營上僅採取「權自我操」的原則,而由外國人從旁指導;但因爲沈先生的管理思維影響,臺灣當時的官營西式煤礦的模式,甚至比同時期的中國內地煤礦開採的情形進步。

（二）整頓軍政：管理模式的現代化

　　另外一個技術變革的例證，是關於 1874 年對臺灣軍政的重整。當時，臺地的吏治與班兵早已違紀積習難改，情況嚴重。源自康熙年代以來，地方官吏任意侵婪，督撫等職又冗員廢弛，致使臺灣民眾居無所安，民變迭起，數代之後，惟有廢除御史，改由督撫與水師、陸路兩個提督，每年輪值一人嚴行稽查，方可收整頓軍政之效。然而，等到內地的太平天國之亂起，福建督撫又以無暇顧及臺灣，臺灣在地的事務只得由島內的道鎮自行解決，缺乏過去的外部監督，吏治營政當然更加敗壞。

　　到了牡丹社事件，沈葆楨赴臺時，仍然是武營班兵怠職無紀，文官貪懶盤踞職位，移民殖墾的社會常見土匪橫恣，邊陲民俗不良，外部的海防陸守形同虛設，內部的民眾械鬥到處可見。「學術不明，庠序以容豪猾，禁令不守，烟賭以為饔飧。官斯土者，非無振作有為，正己率屬之員，始苦於事權之牽制，繼苦於毀譽之混淆，救過不遑記功何自？」（《福建臺灣奏摺》，請移駐巡撫摺，第 2 頁）。這種淺白而痛心的描述，軍紀不

彰，民風敗壞，變革成爲必然的任務，而這任務
是他必須面對的環境。當時弊病叢生的具體情況
爲：

> 1.「臺灣營伍廢弛」；2.「干豫詞訟，勒索
> 陋規」；3.「巧避差操，雇名頂替」；4.「聚
> 眾鬥毆」；5.「規費、護符、涉訟，曲爲庇
> 匿」；6.「會辦案件，刁難需索。」(《福建
> 臺灣奏摺》，請改臺地營制摺，第 62 頁)

沈先生經過實地瞭解，痛定思痛，在 1875 年上
奏說明：

> 種種積習相沿以久，皆由遠隔海外，文員
> 事權較輕。將弁不復顧忌，非大加整頓不
> 可。臣等體察情形，計無逾於裁汛併練
> 者。蓋分汛裁撤，則驕擅詐擾，不禁自除，
> 併營操練則汰弱補強，漸歸有用。(同前
> 註)

這裡，值得我們注意「皆由遠隔海外」幾個字，
既是各種病灶的根源，更是沈先生規劃「就地改

制」對策的思維背景。他在深思熟慮「非大加整
頓不可」之後，提出這一套「裁汛併練」的在地
化管理模式：

1. 「臺地除澎湖兩營外，尚有十五營，擬仿淮、
   楚軍營制歸併，以五百人為一營，將南、淡、
   嘉義三營調至府城。」
2. 「合府城三營安平三營為一支，專顧臺、鳳、
   嘉三縣。」
3. 「其北路協副將所轄中、右兩營，合鹿港一營
   為一支，專顧彰化一帶。」
4. 「艋舺、滬尾、噶瑪蘭三營為一支，專顧淡、
   蘭一帶。」
5. 「均各認真訓練，扼要駐紮。遇地方有事，接
   准劄調移撥，立時拔隊不准延宕。」

他規劃這套「先合併、再分派」的作法，更有事
權體制的配套，說明如下：

> 其兵丁換班固多疲弱，而就地招募亦利弊
> 參半，尚須詳加察督。顧立法惟在得人，
> 而事權尤宜歸一，現既巡撫來臺，營伍應
> 歸統轄。千總以下，即由巡撫考拔，守備
> 以上，仍會同總督、提督揀選題補。臺灣

鎮總兵應請撤去掛印字樣，并歸巡撫節
制。如蒙俞允，伏懇飭部另行頒換該總兵
官關防，以昭信守。（同前註，請改臺地
營制摺，第 62～63 頁）

　　由上摺可知，沈先生認為營伍的積弊，主因
在於各自為政，事權不統一。因此，他就針對這
種積弊，上奏朝廷酌改舊有的營制，統歸巡撫節
制以一統事權，進而改革積弊。

　　同時，沈先生對於組織與人員變革的管理，
是注意到獎懲雙層並重的：「值此整頓伊始，將
弁之營私敗法固宜隨時參辦，如有才具出眾，人
地相需，亦應立予拔擢署補各缺，暫請勿拘成
例，俾收得人之效。」可惜的是，當時清廷卻以
臺灣巡撫尚未決定設立，未可輕率變易軍政營
制，於是在鎮標制度僅僅安置練勇，而讓綠營部
隊如故不便也，於 1875 年當時新設恆春縣，只
以鎮標左營駐防該地，而右營則隸屬於巡道。清
廷中央如此虛應的處理，並未真正解決問題，紀
律鬆弛的班兵仍無用，而冗員的雜役仍盤踞職
務，怠職無紀（連橫，《臺灣通史》，卷 13，軍
備志，第 350 頁）。

表 1 沈葆楨的技術變革：超越機械層次的管理模式

變革 課題	發展臺灣礦業	整頓臺灣軍政
核心 觀念	價格競爭	組織精簡
推展 步驟	西式機器、西式營 運、外籍顧問	先裁編、次合 併、再分派
配套 措施	出口減稅、行銷洋舶	巡撫節制、事權 統一
原則	「權自我操」、自負 盈虧	就地改制、獎懲 並重
收場	被採用，所入經費足 應在地建設	未被採用，臺灣 巡撫未定設

（資料來源：作者自繪）

流程變革

　　舉凡變革的進行，無不注意效率的提升與流程的改善，沈葆楨的管理與作法也兼顧這些目標。前文曾剖析他的「增設郡縣」，在 1875 年（光緒元年）臺灣行政區重新畫分，由 1 府 4 縣 3 廳，擴增到 2 府 8 縣 4 廳。這裡更將分析在沈葆楨的建議下「閩撫（福建的巡撫）冬、春必須駐

臺」的流程改造政策。

（一）「移福建巡撫駐臺」

所謂「移駐巡撫」的變革，不僅是政務治理在地化的表現，更是流程改善的必然結果。沈葆楨看出，自從清廷進行洋務運動後，偏重於東南，臺灣海外孤懸，七省以為門戶，但當時臺地吏治不清，海防陸防全無可恃。他推論，欲固守地險，首在得民心，欲得民心，需先修吏治營政，而整頓吏治營政之權，則又操於督撫兩官。但是，閩浙總督兼轄浙江轄地，移駐不如巡撫之便利。

地理上，臺灣雖屬於偏遠封疆，但事關更改體制，並非部民屬吏所應越級陳情，而沈先生以欽差的特別身份，夙夜深思，兼顧臺灣與福建省的形勢，總和沿海籌防考量，認為首要工作在於「移福建巡撫駐臺」，以專全權，以利建設。

他於是在 1874 年（同治 13 年）11 月列舉 12 項重要理由，奏請清廷派巡撫王凱泰赴臺。以下推論是他全盤思考，力求突破「皆由遠隔海外」幾個字，可做教材（參見〈表 2 沈葆楨的流程變革〉），值得我們學習如何規劃在地化，就地

變革。

表 2 沈葆楨的流程變革：移福建巡撫駐臺的在地化效益分析

效　益	變革的推論理由
有事可以立斷	鎮、道雖有專責，事必秉承督、撫而行；重洋遠隔，文報稽延，率意徑行，又嫌專擅。駐巡撫，則有事可以立斷，其便一。
統屬文武，權歸一尊	鎮治兵、道治民，本兩相輔也。轉兩相妨，職分不相統攝，意見不免參差，上各有所疑，下各有所恃，不賢者以為推卸地步，其賢者亦時時存形迹於其間。駐巡撫，則統屬文武，權歸一尊，鎮、道不敢不各修所職，其便二。
耳目能周，獎懲立定	鎮、道有節制文武之責，而無遴選文武之權。文官之貪廉、武弁之勇怯，督、撫所聞與鎮、道所見，時或互異。駐臺則不待采訪，而耳目能周，黜陟可以立定，其便三。
親民利治	城社之巨姦、民間之冤抑，覿聞親切，法令易行，公道速伸，人

	心帖服，其便四。
考察、訓練實際	臺民烟癮本多，臺兵為甚；海疆營制久壞，臺兵為尤。良以弁兵由督、撫、提、標抽取而來，各有恃其本帥之見。鎮將設法羈縻，只求其不生意外之事，是以比戶窩賭，如賈之於市，農之於田，有巡撫，則考察無所瞻徇，訓練乃有實際，其便五。
杜絕貪瀆之風	福建地瘠民貧，州、縣率多虧累，恆視臺地為調劑之區；不肖者舞法取盈，往往不免。有巡撫以臨之，貪瀆之風得以漸戢，其便六。
杜絕蜚語中傷領導	向來臺員不得志於鎮、道，及其內渡，每造蜚語中傷之；鎮、道或時為所挾。有巡撫，則此技悉窮，其便七。
預防社會動盪	臺民遊惰可惡，而實憨直可憐。所以當常聞蠢動者，始由官以吏役為爪牙，吏役以民為魚肉，繼則民以官為仇讐。詞訟不清，而械鬥、紮厝之端起；奸宄得志，而豎旗聚眾之勢成。有巡撫，則能預拔亂本，而塞禍源，其便八。
治理可因地制宜	況開地伊始，地殊勢異，成法難拘；可以因心裁酌，其便九。

人才調遣便利	新建郡邑，驟立營堡，無地不需人才；丞倅將領可以隨時爺調，其便十。
避免冗員怠職	設官分職，有宜經久者，有屬權宜者，隨事增革，不至於廩食之虛糜，其便十有一。
利於實業擇地興利	開煤、鍊鐵有第資民力者，有宜參用洋機者；就近察勘，可以擇地而興利，其便十有二。

（資料來源：作者據沈葆楨著，《福建臺灣奏摺》，請移駐巡撫摺，第3～4頁自繪。）

　　儘管前後推敲，沈葆楨的奏摺仍受到部分人士反對。因為以專全權，以利建設，也可能造成大權在外，不受節制，擁兵自重，尾大不掉。所幸，清廷權衡輕重，還是認為沈先生論述的更有道理：

　　　　臺地向稱饒沃，久為他族所垂涎，今雖外
　　　　患暫平，旁人仍眈眈相視，未雨綢繆之
　　　　計，正在斯時，而山前山後，其當變革者，
　　　　其當創建者，非十數年不能成功。而化番
　　　　為民，尤非漸漬優柔，不能渾然無間。與

> 其苟且倉皇，徒滋流弊，不如先得一主持
> 大局者事事得以綱舉目張，為我國家億萬
> 年之計。（同前註，請移駐巡撫摺，第 4
> 頁）

後經內閣初步議定。時機巧合，又接著福建巡撫
王凱泰於次年 1875 年（光緒元年）5 月，也以
臺灣與內地遙隔，非特兼顧難周，上奏「擬請先
赴臺履勘情形，會同妥籌」，履勘後與福州將軍
文煜、閩浙總督李鶴年、前欽差大人督辦臺灣等
地海防事務沈葆楨會商，認為「巡撫宜兼顧省、
臺」，若另設一省，呼應不靈且恐諸多窒礙。

（二）學政權與軍政權一併歸統

終於，朝廷同意福建巡撫兼顧省、臺兩地，
以利建設。剩下的就是駐臺的時間與權限等技術
性問題了。

1. 駐臺時間：由於臺灣在夏秋瘴癘甚炎，
且有颱風為肆，福建巡撫王凱泰奏請每年冬春兩
季駐臺（台南），夏秋兩季駐省（福建）。在 1875
年（光緒元年）10 月清廷下旨曰：「即著照所請
辦理」。

2. 駐臺權限：分爲二種。

(1)軍政權：當時清廷正全面籌辦海防事宜。吏部議覆〈請移駐巡撫摺〉，有關軍政方面應如何改革調整，清廷下令由王凱泰、沈葆楨等妥議。沈先生乃有前文「整頓軍政：管理模式的現代化」一節之長篇立論：「現既巡撫來臺，營伍似應歸統轄⋯⋯」等等的主張（《福建臺灣奏摺》，請改臺地營制摺，第62～64頁），清廷予以照准。

(2)學政權：前文提到，沈先生又有《請改臺地營制摺》之主張：

> 臺地遠隔重洋，學政事宜向由巡臺漢御史兼理。乾隆十七年，御史裁撤，所有歲、科兩事改歸巡道考校；其達部事件，呈福建學政轉咨。今福建巡撫來臺，所有臺屬考試，似應統歸巡撫主政；咨達事件，亦逕由巡撫辦理，以一事權等因。（《福建臺灣奏摺》，歲科兩試請歸巡府片，第64頁）

極其明白，沈先生在流程變革上態度是一致的，巡撫移駐臺灣既屬可行，則其學政權應如軍政

權,「一併歸統」以收效率:

> 以後應否以巡撫兼理學政之處,仰墾天恩
> 飭部議覆。至淡、蘭兩屬道阻且長,不特
> 費鉅身勞,每遇淫潦為災,不免有望洋而
> 返者;甚非所以體恤寒畯。可否請旨於艋
> 舺地方,准其捐建考棚;巡撫於閱兵臺北
> 時,順便按臨時考試,益廣朝廷作育之
> 意,以順輿情?(同前註,歲科兩試請歸
> 巡府片,第64～65頁)

至此,巡撫既已多春駐臺半年,權限也有了
明確的交待,對於整頓臺灣吏治、營政有極大的
幫助。

文化變革

所有的變革最後會觸及組織的文化,大則是
社會的風氣與價值觀,小則涉及人際互動與行為
模式。所以,當一個領導人將舊有制度做為變革
的標的,帶來的衝極可能與原有的文化和價值觀
有所抵觸。因而,確保變革的成功,領導人能否
鼓舞精神是關鍵的!在1874年的變革中,沈葆

楨的政策涉及文化變革的，不僅在「撫番」一項
（促進番民漢化、取消隔離政策），並且還有：
奏請順從輿情、端正風俗，又為鄭成功建立延平
郡王祠。尤其後者，沈先生的理念中，除顯示清
廷對於明朝遺民的開闊胸襟，也希望提振臺民的
愛國情操。在延平郡王祠的成立時，沈葆楨親題
一對有名的楹聯：「開萬古得未曾有之奇，洪荒
留此山川，作移民世界；極一生無可如何之遇，
缺憾還諸天地，是創格完人。」

（一）「知忠義之大可為」

　　沈葆楨在臺期間為鄭成功建專祠，此事究竟
具有哪些意義呢？今日當我們討論變革管理
時，這是值得一再深加認識體會的。

　　清兵入關，南明唐王在福州即位，鄭成功由
於唐王的賞識，賜姓朱，封為忠孝伯，不受其父
鄭芝龍投降清廷的影響，決心效忠明室。唐王在
福州遇害後，便擁護桂王永曆帝，仍在閩浙沿海
抵抗清兵，桂王封他為延平郡王。鄭成功為謀長
期反清復明，在 1661 年 4 月（明永曆帝 15 年 4
月初二日）登陸臺灣鹿耳門，經過苦戰，終於趕
走荷蘭人，以臺灣為根據地繼續抗清。惜隔年即

病故，其子鄭經、孫鄭克塽先後繼立，仍奉永曆年號抗清。直至 1683 年（明永曆 37 年；清康熙 22 年）才被清廷所平。自成功起義到克塽投降，延續明朝的正塑 37 年之久。但是鄭氏曾爲清廷最大的邊患，朝廷官員也每每以「鄭逆」、「僞鄭」稱之。

直到 1700 年（康熙 39 年），克塽乞歸葬故里。康熙皇帝念及鄭成功「係明室遺臣，非朕之亂臣賊子」，褒其忠節，勅遣官護送成功及子經兩柩，歸葬南安，有如漢代著名的田橫的故事，置守墳冢，建祠祀拜他。但是，在臺灣的情形是不同於在南安允許祠祭的，鄭氏政權的史蹟在當時仍是島嶼的一大政治禁忌。雖然鄭氏於臺灣爲清所滅後，臺灣民眾卻仍思感戴，也建祠以祭祀他，但又不敢張揚其事，因此他的祠廟的門額、牌名僅稱做：「開山廟」，這是爲了遮掩清吏的耳目。將近兩百年後，鄭成功的事蹟、精神常存於臺灣此地，深爲移民百姓景仰，並且希望早日在臺建祠追諡，以緬懷民族英雄。最著名的爲臺灣府進士楊士芳的主張，而當時臺灣道台夏獻綸、臺灣府知府周懋琦等亦有此意。

當日本繼列強之後，在臺灣發動牡丹社事

件，內外政經角力之際，沈葆楨更認為應建專祠
紀念鄭成功，於是奏請朝廷說明：

> 臣等伏思鄭成功丁無可如何之厄運，抱得
> 未曾有之孤忠，雖煩盛世之斧斤，足砭千
> 秋之頑懦，伏讀康熙三十九年聖祖仁皇帝
> 詔曰：朱成功係明室遺臣，非朕之亂臣賊
> 子，勅遣官護送成功及子經兩柩歸葬南
> 安，置守冢建祠祀之。聖人之言，久垂定
> 論。惟祠在南安，而臺郡未蒙勅建，遺靈
> 莫妥，民望徒殷。至於賜諡褒忠，我朝恢
> 廓之規，遠軼隆古，如瞿氏邦，張同敞等，
> 俱以殉明捐軀諡之「忠宣」、「忠烈」。成
> 功所處，尤為其難，較之瞿、張奚啻伯仲。
> 合無仰懇天恩，准予追諡；並於臺郡勅建
> 專祠，必臺民知忠義之大可為，雖勝國亦
> 華袞之所必及。於勵風信、正人心之道，
> 或有裨於萬一。(《福建臺灣奏摺》，請建
> 明延平郡王祠摺，第 18 頁)

清廷頒下部議，准於臺灣府城建立鄭成功的專
祠，並追諡「忠節」。建祠臺灣府城（今臺南市）

以南明諸臣 114 人，配享東西兩廡；後殿中則祭祀翁太妃；左為寧靖王祠，右為監國世子祠，並在春秋二仲，由在地官員祭祀。沈先生之所以將鄭成功地位如此確定，乃在激勵臺民知「忠義之大可為」，「於勵風俗，正人心之道，或有裨於萬一」，對於收攬民心，提倡忠義、鼓舞士氣，鞏固心防幫助極大。

今日回顧當時在臺地之漢民，若非明鄭之遺民，即為後來冒險犯難渡臺者，飲水思源，感恩戴德，推崇鄭成功，極富移民精神、革命精神和愛國精神。

所以，鄭成功忠烈昭然，有功於臺地，在 1874 年被追封諡號，使得臺地人民的精神有所依歸，這也完成沈葆楨當初擬請建明延平郡王祠的心願：

> 能為明季遺臣，臺陽初祖，生而忠正，歿而英靈，懇予賜諡建祠，以順輿情，以明大義事。（《福建臺灣奏摺》，請移駐巡撫摺，第 17～18 頁）

（二）尊重信仰

遠在 1862 年（同治元年），沈葆楨曾於南昌處理洋教糾紛，尊重人民信仰，隨而以通曉洋務洋教知名。日後，沈先生於赴臺期間，這段經驗對於處理臺灣的風俗習慣有所俾益，對民間信仰、端正風俗更是貢獻良多，他著名的作為包括：

1. 為嘉義城隍請加封

沈先生對於信仰具有安定人心的作用，是採取正面的觀點。在他到達臺灣後，接受當時現任臺灣縣知縣白鸞卿（前署嘉義縣）所稱：

> 嘉義縣舊祀城隍尊神，禱雨祈晴、久照靈應，最著者為同治元年彰化戴逆倡亂，圍撲嘉城，紳士等恭請神位於城樓，虔誠籲禱，五月十一夜，地忽大震，雉堞傾頹而城垣無恙，兵民得以保全，咸稱神佑；九月間，戴逆復撲嘉城，眾心驚慌，告廟敬占休咎，蒙神默示平安，人心遂定，兵民竭力誓守，復保危城。（同前書，請加封

嘉義城隍神摺，第 19 頁）

隨後，又有紳民陳熙年等陳情，奏請朝廷敕加封號給該廟祠。沈先生於是派臺灣道台夏獻綸詳查，確定無異之後，就鄭重上奏皇帝請求：

> 臣等伏查廟祀正神，實能禦災捍患，有功於民，例得請加封號，今嘉義縣城隍神保護城池，迭著靈應，洵為功在生民，允宜上邀褒寵。合無仰懇天恩俯准，敕加封號，以順輿情，而昭靈貺。（同前書，請加封嘉義城隍神摺，第 19 頁）

這裡的「禦災捍患」是否屬於信仰的實效，雖然有待商榷；但他上奏的關鍵在於「有功於民」、「功在生民」和「以順輿情」等文字，則可提供文化變革的決策思維的參考。

2. 為蘇澳海神請封

在 1874 年（同治 13 年）赴臺馳援的陸路提督羅大春，當他駐紮噶瑪蘭管轄的蘇澳，因為水勢險急，風湧奔騰，向來較難停泊船隻。水道糧

運維艱，兵眾心理焦灼不安，他即在 8 月 23 日
為文虔禱海神賜福保佑，匝月之間，海域湧勢頓
減，附近突起沙洲隔成內港一道，百數十石之船
得以航行檣棹，小輪船往來也可停泊，全數再無
衝擊的虞慮，居民船戶人等額手稱慶，都宣稱是
由於神力保佑。於是，羅大春請奏，懇求加封立
廟，以答謝神明。沈葆楨於是上奏：

> 臣等伏查江海正神，實能功德及民，例得
> 奏請廟祀。今蘇澳海神靈感潛孚，鴻流順
> 軌，俾帆檣穩便，士卒飽騰，功德昭彰，
> 宜邀褒寵；合無仰懇天恩，准於蘇澳建立
> 海神廟一區，敕加封號，編入祀典，以答
> 靈貺，而順輿情。（同前書，請封蘇澳海
> 神摺，第 36 頁）

同樣的，這裡的思維也是著眼於「功德及民」與
「而順輿情」的風俗變異，有助於安定民心。

3. 為安平海神請加封號

　　相對比較，前二個加封嘉義城隍及蘇澳海
神，或由他人奏報或輾轉得知。而安平海神則是

沈葆楨親身經歷的，他說明：

> 臺灣府城之西十餘里，有一海口名曰安
> 平。每年自四月杪啟至九月止，西南風司
> 令，巨浪拍天，驚濤動地，數十里外聲如
> 震雷，隱隱閶闔，晝夜不息。遇海雨狂飛，
> 勢尤洶湧。所以本地商船，一交夏令即避
> 往他處，小船巨艦，斷絕往來。上年（引
> 按，同治十三年）倭事方嚴，葆楨於五月
> 東渡，即派各輪船分頭運載軍裝、礮械、
> 糧餉、兵勇剋日到臺，去來梭織，皆由安
> 平登岸，後復於三鯤身口岸建造礮台，所
> 有木石、甎甓、器具皆由內地而來，亦無
> 非卸載該處。（同前書，安平海神請加封
> 號摺，第 72 頁）

由於防範日軍犯臺的作業，他在深刻感受海況漸
佳、軍務順暢之後，上奏請求：

> 往往連日波浪奔騰，望洋興嘆；即各船抵
> 口，湧勢漸平，停卸開駛，輒或安穩。有
> 時方風雨交作，遇有要務派船出港，立即

風靜波平，居民船戶咸額手相慶，謂為向
來所未有，實有神助。伏查江海正神，實
能功德及民，例得奏請廟祀，今安平海神
肸蠁潛孚，帆檣穩便，足見國家威靈所
及，海若效靈。而神之聖德豐功，亦宜邀
褒寵。（同前）

因此沈先生奏請「合無仰懇天恩，准於安平
建立海神廟一區，敕加封號，編入祀典，以答靈
貺，而順輿情。」（同前）這對於安平地區的漁
民與社會是具有安定人心、穩定士氣的作用的。

本單元參考書目

中國史學會主編：《洋務運動》第二冊，上海：
　　上海人民出版社，2000 年。

王雲五主編：《道咸同光四朝奏議》，臺北：臺灣
　　商務書局，1970 年。

（清）世續等修纂：《大清德宗景(光緒)皇帝實
　　錄》，臺北：華文書局，1964 年。

（清）左宗棠：《左文襄公奏牘》，臺灣文獻叢刊
　　180，南投：臺灣省文獻委員會，1995 年。

吳元炳輯：《沈文肅公（葆楨）政書》（沈葆楨著），
　　臺北：文海出版社，2 冊，臺初版，1967
　　年。

（清）李鴻章：《李文忠公選集》，臺灣文獻叢刊
　　第 131 種，臺北：臺灣銀行經濟研究室，1961
　　年。

（清）李鴻章：《李文忠公全集》，臺北：文海
　　出版社，1968 年。

（清）沈葆楨：《福建臺灣奏摺》，臺灣文獻叢刊
　　29 種，臺北：臺灣銀行經濟研究室，1959
　　年。

（清）沈葆楨：《沈文肅公牘》，南投：臺灣省文
　　獻委員會；1998 年 3 月。

林崇墉：《沈葆楨與福州船政》，臺北：聯經出版
　　事業公司，1987 年。

林衡道主編，盛清沂、王詩琅、高樹藩編著：《臺
　　灣史》，南投：臺灣省文獻委員會編印，1977
　　年 4 月初版。

施添福：〈開山與築路：晚清臺灣東西部越嶺道
　　路的歷史地理考察〉。《地理研究報告》，

第 30 期，第 65-100 頁，1999 年。

張世賢：〈沈葆楨與臺灣建設〉，《中國行政評論》，第 9 卷第 2 期，臺北：中華民國公共行政學會，2000 年 3 月。

（清）連橫：《臺灣通史》，臺灣文獻叢刊 128 種，臺北：臺灣銀行經濟研究室，1962 年。

郭廷以：《臺灣史事概說》，臺北：正中書局，1988 年。

薛光前、朱建民主編：《近代的臺灣》，臺北：正中書局，1977 年。

（清）羅大春：《臺灣海防並開山日記》，臺灣文獻叢刊第 308 種，南投：臺灣省文獻委員會，臺北：臺灣銀行經濟研究室，1972 年。

牡丹社事件之後的臺灣

本文開首曾說明，牡丹社事件平息之後，沈葆楨有感於臺灣建設及防務的重要，便上了一份萬言書給朝廷，他認為「台地之所謂善後，即台地之所謂創始也」，他也抱持著這種精神，開啓了變革之路。

例如在結構變革上，沈葆楨請設台北府、調整理番體系等行政組織方面的變化，前已述及，在此不贅言，在其他方面則展開了許多建設，譬如為了解決後山先住民問題，沈先生分別在北、中、南三路修築了四條道路，打開東西交通，並且積極開採煤礦、架設電報線、建設燈塔等，可惜他在臺灣的時間太短（1874 年 6 月至 1875 年 5 月），只實行了一部份，不過，他的作為卻開啓了臺灣現代化的願景。

臺灣領導變革的典範

臺灣在牡丹社事件後的日漸開發、經濟繁榮不僅證明島嶼的可塑性極高，更證實變革的勢在必行，願景可期；但這也立下了日本往後繼續覬

覘臺灣的潛因。沈葆楨在 1874 年的變革,直如打開現代化的鑰匙,更為臺灣既有的政經結構(structure)上,說明變革行動者(actor)的領導典範亟待需要。

　　沈先生樹立領導的典範,除了前節中的五大變革(**戰略變革、結構變革、技術變革、流程變革、文化變革**)之外,領導風格更值得在此敘明(**參見圖 3 文化與典範:沈葆楨確保變革成效的風格和做法**)。我們如以貫徹變革的目標來看,如何確保「執行」實屬關鍵,因此,「順應輿論民情」、「端正風紀」又成為執行力與變革意志貫穿的表現。由於長期海禁鎖島,臺地的移民社會風氣不佳,對此沈葆楨亦著手整頓,以建立善良風氣。一方必須除惡務盡,另方面則要表彰忠良,他在臺短暫期間分別作了下列有關風紀的事項。

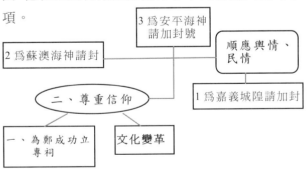

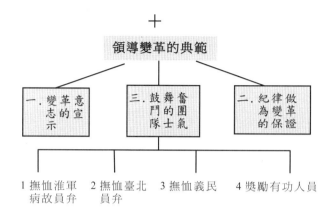

領導變革的典範

一．變革意志的宣示

三．鼓舞奮鬥的團隊士氣

二．紀律做為變革的保證

1 撫恤淮軍病故員弁　　2 撫恤臺北員弁　　3 撫恤義民　　4 獎勵有功人員

一、變革意志的宣示

　　沈葆楨面對牡丹社事件後新的局勢，必須內外宣示變革的決心，而嚴緝盜匪、整頓社會治安正是施政意志的展現。例如，當時在彰化集集街陳心婦仔借報讐（仇）為名，嘯聚死黨殺人紮厝，[1]荼毒純樸的居民，為民眾所深感痛苦。所以，等到該匪被生擒到案後，葆楨即令就地正法，以快人心。（《福建臺灣奏摺》，匪犯陳心婦仔就地正法片，第 9 頁）一則以除罪犯，一則以建法制，

---

[1] 「紮」有勒索財物之意。「紮厝」乃向住家勒索錢財之意。

71

以正民心。

又如，當時嘉義縣屬之三條崙、布袋嘴一帶濱海地方，私梟充斥，時有搶劫情事。1875 年（光緒元年）4 月間，沈先生風聞布袋嘴之新厝莊有匪徒聚集，無惡不作，聚眾擁槍拒捕，且傷及官兵，罪無可赦，他便將為首者就地正法外（同前書，搜獲布袋嘴土匪正法片，第 50 頁），其餘嫌犯逐一嚴訊，分別詳辦，在逃的各犯仍責成勒緝，務使消滅殆盡為止，以清靜地方民風，以正國法。

二、紀律做為變革的保證

沈葆楨匆促入臺進行外交與軍政防務，施展變革尤需整頓軍紀做為各項政策執行的保證。例如，遊擊軍官王開俊，任事勇往，血性過人，久歷戎行，勳績卓著，但在剿獅頭社兇番時，不幸被兇番所殺，身首異處。葆楨痛失良將，即飭臺灣道台夏獻綸查明該營有無先行潰逃情事，以便分別辦理。經過查證，當王開俊被圍時，前哨的正百長遊擊軍官李玉貴、左哨的正百長千總李長興兩人未能策應，咎無可辭，應先削去他們的百長職位，留營聽候查辦（同前書，千總李長興正

法片,第 38 頁)。後來,清廷諭示沈先生對此案分別懲辦。

對於二個怯懦無能又私自離營的軍官,不但干犯軍律、罪無可赦,就連袍澤之情不守、畏罪逃亡,使得軍紀蕩然無存。沈葆禎將他們處罰,對於維護軍紀及畏葸軍官等人,實有警戒的作用。

三、鼓舞奮鬥的團隊士氣

在變革管理中,沈葆禎不僅有嚴懲風紀之手段,也有鼓舞團隊士氣之做法,這些恩威並加的做法都獲得當時清廷的決策同意。為了配合臺灣政局變革的執行,其中撫卹的與獎勵的做法,包含以下:

(一)撫恤淮軍病故員弁

首先,淮軍唐定奎的部隊六千人自 1874 年(同治 13 年)夏間奉調來臺,重洋涉險,又值秋露濕熱交逼,因此瘴氣旋而興作,經過唐定奎的延醫選藥,多方的拊循,雖保全不少人命而病歿也頗多。計算病故的文武員弁 11 人和勇丁 265

名。[2]這些官兵均為久歷戎行，為國效力，在此竟然感冒時疾，加以積勞傷發，後先殞命，殊堪惻惻。沈先生依照「軍營立功後病故」的慣例議請撫卹，在鳳山地界購地一區，將該員弁、勇丁等按序合葬於其中，旁建祠宇，春秋由地方官至祭，俾得長歆享祀，以慰忠魂。隨後，又有病歿知文武員弁凡 11 人，外勇夫 253 名，及後補內閣中書林齊韶或因積勞傷發，或因感受瘴癘，或因積勞病故，與田晉階等的情事相同，均堪惻惻，沈先生議請俱照「軍營立功後病故」慣例，由清廷賞賜撫卹、附葬、附祠，以慰軍旅他鄉的忠魂。（同前書，淮軍病故員弁請卹片，第 10 頁）

（二）撫卹臺北員弁

其次，當時臺北方面員弁也有傷亡，沈先生一視同仁，盡力撫卹（同前書，臺北員弁請卹片，第 39 頁）。沈先生飭部將外委軍官陳維禮，依照把總陣亡的慣例從優議卹，副將李東來，守備時榮貴兩人各以原官比照「軍營立功後病故」慣例

---

[2] 員弁乃指低級文武官員。

議卹。另外，羅大春駐臺所轄部隊兵勇，或臨陣
捐軀，或入伏遇害，或積勞成疾，或遭風殞身。
自 1874 年（同治 13 年）7 月起至 1875 年（光
緒元年）2 月底止，計有陣亡、傷故、病故兵勇
96 名，遭風淹沒勇丁 32 名。沈先生將此兵勇 128
名，均予附祀昭忠祠，使他們得分列牌位享有祀
祭，以慰埋骨異地的忠魂。

（三）撫恤義民

還有，忠義的典範是適合變革的推展過程
的。在當時澎湖，臺灣府學的廩生彭衢亨，[3]平
日恪守書生本色，深明大義；協辦團練不遺餘
力。依據沈先生的奏文所述：在同治 13 年九月
初十日，由西嶼乘船齎送練勇的名冊到澎湖廳呈
驗，不意行至中途，風壓船沒，即時殞命，該廩
生家貧、親老、尚義殉身，實在值得憫悼。因此，
沈葆楨上奏政府交部議卹，以慰意外殉職的忠魂
（同前書，澎湖廩生彭衢亨請卹片，第 10 頁）。

另外，在 1861 年（同治元年）彰化戴逆之

---

[3] 廩生乃明清兩代稱由公家給以膳食的生員（國學
及州、縣學的在學學生）。又稱廩膳生。

亂，當時所有防剿、打仗之文武員弁潘恭贊、林廷翰、王鶴康、林上達和義民潘締等 44 名，援窮糧盡，力戰捐軀，實在可堪憫惻，經由前臺灣道台丁日健開列名單，具奏請卹，清廷在 1865 年（同治 5 年）8 月下旨：「潘恭賀等均著交部分別從優議卹。單並發。欽此」。但是，遲至 8 年後的當日（同治 13 年），嘉邑地區仍未有祠宇，使得義民的毅魂仍無依靠。沈先生查訪後，得知陣亡文武員弁和兵丁義民人等，按例准入祠昭忠祠，因此上奏：「合無仰懇天恩飭准建祠以祀潘恭賀等，並將陣亡之義民潘締等從祀，春秋至祭，以慰忠魂。」（同前書，補請義民潘締等卹典片，第 20 頁）朝廷諭曰准奏。綜合前述各節，沈葆楨立意在移民墾殖的當時臺灣，樹立各種敬業盡責、忠誠不阿的公義典範。

（四）獎勵有功人員

在變革領導中，激勵團隊是必要的措施嗎？沈先生在 1874 年（同治 13 年）12 月，奏請獎勵下列有功人員，清廷裁決照准，包括有：

（1）記名提督唐定奎，統領銘武等軍 13 營到臺，因為布置周密，紀律嚴明，全臺人心為

之安定。且在同年 7、8 月間，鳳山等處時疫流行，營中兵士多有病故；該提督拊循下屬備至，使得是氣不衰。並且，一面分營扼紮瑯嶠、東港，一面規劃建築旗後（高雄旗津）地方的礮壘，以固海防。尤其，他躬親監督工程，使得漸漸妥善，各方面均屬調度有方。因為唐定奎已是一品的領兵大員，沈先生特別請朝廷給予獎勵「其應否錫以章服之殊榮，亦頒以內廷之珍異出自天恩」（同前書，請獎提督唐定奎片，第 22 頁）。

（2）洋將博郎等：當臺灣防務吃緊，身負總兵銜的洋將博郎，隨同潘霨教練安撫軍隊數月，不辭勞苦；還有，洋將哥嘉管駕「凌風」輪船駐紮澎湖，教練各輪船水師，始終不懈；另外，洋人都布阿在臺郡教習陸營洋槍隊，操練認真。等到日本退兵後，防務稍鬆，洋將博郎已赴旗後（高雄旗津）稅務司之任職，哥嘉、都布阿仍歸建到總稅務司的赫德處當差。這些外國人不辭辛勞，教練輪船、水師、洋槍隊，操練認真，始終不懈，沈葆楨上奏朝廷，飭下總理衙門分別議敘，以資鼓勵（同前書，請獎洋將博郎等片，第 22 頁）。此外，隨防的「凌風」輪船大副美德蘭、管輪飛士均悉心教練，著有微勞，葆楨奏請賞給

三等寶星以示鼓勵（同前書，美德蘭等請賞寶星片，第 46 頁）。

（3）**羅大春**，原係福建陸路提督，奉旨革職留任之員，到臺以來即赴北路調集各軍，深入荒陬，由蘇澳至歧萊，計開路二百餘里，不避艱險收撫番族，恩威咸宜，成績昭彰：沈葆楨「**請旨開復革職留任處分，交部從優議敘**」（同前書，請獎開山首先出力人員摺，第 21 頁）。

（4）**王開俊**，本係參將職銜任命的浙江溫州右營遊擊軍官。外患方張，面對前敵的時候，操縱得法，瞻視過人，但是在第二年（光緒元年）正月，即因入剿獅頭社番，遇伏陣亡。沈葆楨痛失愛將，特為其再次上奏：「**合無仰懇天恩，將浙江溫州右營遊擊照副將例從優議卹，並請加恩予諡，於台南准建專祠**」（同前書，遊擊王開俊請卹片，第 28 頁）。並且，他也奏請隨同陣亡之哨長花翎都司銜儘先守備周占魁、藍翎儘先守備楊舉秀、儘先千總楊占魁和勇丁 93 名，交部從優議卹附祀，以慰忠魂。

此外，例如袁聞柝、周有基、唐守贊、曾元福…等，沈葆楨均因他們大大小小的功勞，請旨獎勵。在實踐變革上，沈葆楨的正面思維和激勵

做法，對民心士氣可說是一大鼓舞。

領導變革的繼任人是關鍵

「風乍起，吹皺一池春水」，臺灣發展不一樣了。當 1875 年（光緒元年）6 月，沈葆楨升任兩江總督南洋通商大臣；那麼，誰做為臺灣政務變革的繼任推展者？這議題時必須嚴肅加以處理的。做為創格的政策發動者，沈先生必須確保變革的成效。於是，他推薦他過去的得力助手王凱泰、郭嵩燾為福建巡撫，掌理臺政，但是，王到臺灣五月而逝，郭又出使英國，於是丁日昌繼王凱泰之後，出任福建巡撫，兼理臺政。

同年 12 月，丁日昌「力疾赴台」至光緒 3 年 8 月回籍養病，在任也不及兩年（1875 年 12 月～1877 年 8 月），極為可惜。在當時，丁日昌和李鴻章、沈葆楨被輿論稱做「洋務三傑」，他原任江蘇巡撫，是沈先生的左右手，由當時富庶的江蘇省調任至東南的福建省，可見清廷和李、沈等大臣對於維護和建設臺灣的治理重視程度。

一、丁日昌的試圖振作

　　然而，丁日昌在巡撫任職中，整頓吏治，參革福建大官不法者多達數十人。在臺灣，他則改革稅制，消除瑣碎的雜賦、易繁爲簡，並清丈叛黨的產業、抄封不法的田業來增加稅收，可說是沈葆楨就地改善財政（例如前述的臺煤出口）政策的後繼者。

　　另外，丁日昌又貫徹沈先生的破海禁、除隔離的戰略政策，在香港、汕頭等地設招墾局，給移民房舍、墾具等必要的配套資源，鼓勵進墾後山。而在流程與技術的變革上，丁日昌更架設旗后（高雄旗津）經府城（台南）到安平的電報線路，並翻譯《泰西電報全書》、設官經營，全長 95 里，是中國最早的電報事業。由技術到實業的改善，丁日昌又設官統籌臺灣礦業，興建基隆煤礦區至海濱的一段鐵路。

　　是的，變革的貫徹是需要有相同理念的執行者。在 1876 年（光緒 2 年）英國人正在興築吳淞鐵路，但因上海官民的反對而求付款贖拆，丁日昌知道這個消息後，就奏請將鐵路遷移臺灣，計劃興建旗后（高雄旗津）至府城（台南）的鐵路。可惜，丁日昌去職後，鐵軌才由船運到旗后，繼任者認爲這不是當務之急，擱置了幾年，於

1883 年（光緒 9 年）被轉運到旅順，成為旅大鐵路的一部份。

沈葆楨將洋務運動帶入臺灣進行變革，而變革的管理是需要有連貫的執行力，這包括領導變革者、資源、配套措施與堅持的後繼者。當時，李鴻章稱讚丁日昌對臺灣的規劃是「幹濟時艱」的「淋漓大筆」，可惜未及兩年，丁就因病離職。但是，離開臺灣的沈先生，更未及四年就因積勞成疾離開人世。在 1875 年（光緒元年）8 月，他受命為兩江總督兼南洋通商大臣，奉命處理「皖南教案」；而以「罪無所歸」折服洋人，妥善結案。

沈葆楨 56 歲以後在南洋通商大臣任內可謂勵精圖治、文武兼備，包括「修河堤、行海運、籌積穀、拔罷粟、減稅收、整鹽務、禁厚殮、修炮臺、固防務、平冤案、選賢能」。最後，因積勞成疾，在 1979 年（光緒 5 年）病逝於督署。清廷對他追贈太子太保，諡號「文肅」，因為功勞著名於內外，並為他設專祠（在今福州市政府大院內）以祀；沈先生著作有《居官圭臬》、《沈文肅公政書》等。由於沈葆楨的領導與經歷的特徵，兼具有清末當時的國際事務與內戰（太平軍）

等雙重領導者之角色,並綜合中央要員與地方主官的關鍵作用,本文認為其乃研究清代「同治中興」時期之變革管理的適當代表個案。

從近代資本主義在東亞的進程而言,19 世紀的中國在地回應此一國際潮流,沈先生也可以說是代表人選,特別在關於「洋務運動」做為外來衝擊和「在地化」的互動過程,與在歷史變動中尋找未來出路的啟示,他的實踐和理念論述,應可做為此一歷史關鍵轉折的適當個案。

二、臺灣洋務運動的後續效應

前文述及,時稱「洋務三傑」的沈葆楨和李鴻章、丁日昌三人,他們既是洋務運動三大健將,在 1874 年的牡丹社事件因緣際會,其生涯中的變革實踐與台灣的近代全球化基礎有密切的關連。洋務運動在臺灣成效,尤其是沈與丁兩位的當地變革,更是本文主題所聚焦者。但是,牡丹社事件的 20 年後,1894 年清日甲午戰爭爆發,隔年(1895)臺灣被割讓給日本,如以變革本身來說,洋務運動在臺灣是功敗垂成;然而,如以臺灣本身發展而言,則不因任何的波折而進階邁向現代化,至少具有以下的意涵:

（一）清廷的變革深度與廣度均待厚植

對於資本主義的國際化，洋務運動試圖進行有意義的回應，但所建立的新軍及艦隊，卻在甲午戰爭中不堪一擊。過去歷史中，清朝原為堂堂大國，在講求自強的 30 年變革後，竟然敗給日本一蕞爾小國，累積的貧弱程度可想而知。於是，在 1895 年中國割讓臺灣後，列強紛紛租借港灣和劃分勢力範圍，中國幾被瓜分。對照於 1874 年沈葆楨的臺灣治理的變革，說明清廷整體自強洋務運動的變革深度與廣度均待厚植。

（二）兩岸進入不同的歷史進程

變革，啟動所有的可能，也帶動所有的不同。「可憐新月為誰好？無數晚山相對愁」，臺灣海峽的兩岸相對，此後進入不同的歷史格局。臺灣被割讓後，它的發展歷史進入日本殖民主義的實行，原本封建的體制與結構被外來的殖民勢力所打破，日本也將明治維新之後新的變革帶入，並實踐在臺灣。

而對照之下，在中國的歷史進程，洋務運動令西方近代科學文化在中國廣為傳播，促進維新

變法思想的成熟和高漲。歷經 30 年的洋務運動終歸失敗，使有識之士猛然醒悟，明瞭變革不限於船堅炮利而已，應全面改革，隨而有「戊戌維新」的出現。

（三）臺灣現代化的開端

在同治中興時期的洋務運動，洋務派學習西方的船堅炮利與軍事的科技，為中國國防近代化奠下基礎，雖然洋務運動失敗，但海陸軍備趨向近代化已是有目共睹的事實，例如中法戰爭時，馮子材的「鎮南關大捷」便是。

在臺灣變革的個案裡，沈葆楨引進外國經濟設施、設備和技術，使臺灣近代工業日漸成長，洋務運動實為臺灣現代工業生產劃時代的開端，「爆竹一聲一歲除」，年年不同，步步更新。

自鴉片戰爭結束後，不少機器廠、造船廠、製造廠都設在中國的通商口岸，這些口岸逐漸變為工商業發達的地區，包括臺灣的各個主要港滬，均成為工商業繁榮、文化發達的近代化都市，在 1874 年之後新式工業興起，農民漸轉為工人，傳統社會逐漸轉型。

日新月異，等到 1894 年甲午戰後，日本仿

效列強資本主義的勢力入侵，官商合辦工業漸多，出現大量的有產階級，使臺灣近代工業生產，承繼了洋務運動的先前 20 年之啟導，逐步發展起來。新崛起的官商兩者聯盟推動西法、商務，遣送子弟出洋留學，島內設立各類學堂，採用西式教育方法培育人才。學成歸來的學生，參加不同的事業，新知識份子也隨之出現，對臺灣現代化出現新的發展階段。

「臺灣富庶海內豔稱」

當 19 世紀結束時，臺灣的近代化過程留下了一個研究公案─誰是臺灣近代化基礎的奠定者？以整體經濟發展而言，清朝時期的臺灣是最適合推行洋務運動的地區。臺灣人民尚未徹底內地化，可塑性極大，而具有特殊文化特質及島民開拓性格，雖然最終無法完全近代化，但臺灣洋務運動的成果突飛猛進，在中國大陸上也只有李鴻章全力經營的直隸一省可以相比。在 20 年之間，臺灣之所以在短時間之內成為中國最進步的行省，必須歸功於洋務運動與本身的特殊條件；日本人當初所接收的，已非 1874 年牡丹社事件時期的臺灣了，絕對不是其所稱什麼「番」民之

地、「化外之地」，而是當時中國最進步的一省份。

　　經由本文各節的剖析，我們不能淺薄地接受一個目前傾向日本殖民主義的說法：「臺灣的現代化是奠基於日本人」，這一說法主張清朝洋務運動並未促成臺灣現代化，而是日據時期由日本人「改良」，才使臺灣在 20 世紀初期逐漸由「化外之地」邁入近代化。

　　這種說法可能犯了兩個重大錯誤。一方面，該項主張有意忽略清朝在臺灣的洋務運動（1874 ～ 1894 年）對於後來日本殖民地現代化的影響，並切斷了從清朝時期延續到日本統治期間臺灣經濟發展的「連續性過程」。臺灣的洋務運動固然不算完全成功，但絕對不能因此忽略了前人的努力；他們為臺灣社會與經濟的底層奠基，對於之後日本殖民統治大有助益。另方面，該主張無視於臺灣在地對於日漸轉型為資本主義經濟性質的連串變革。以今日的歷史反省，對於 19 世紀的臺灣回應當時資本主義，沈葆楨、丁日昌而至劉銘傳的作為和實踐，是具體而實在的。這些都反映在 1874 年之後，近代化都市和新式工業在臺灣南北興起，格局已然不同。

　　自沈先生領導五大變革（**戰略變革、結構變革、技術變革、流程變革、文化變革**）以來，臺灣轉型為資本主義型態的初階段經濟，已是一種可加以檢驗的運作模式。「渡船滿板霜如雪，印我青鞋第一痕」，在當時烽火連天的變局裡，承先啟後的變革「第一痕」是值得追蹤探討的。因而，在日本政府佔領臺灣之前，新任的劉銘傳治臺的局面是有歷史意涵的。

　　是的，劉銘傳於 1884 年（光緒 10 年）7 月抵台督辦軍務，認為台灣的海防和近代開發是不可分離的兩大改革方案，而宣佈防備、練兵、清賦、理蕃四大政策。劉銘傳在清朝官吏中，與沈、丁等位都是少數具有國際視野而為外國人所稱許者（參見下文〈表 3 晚清在臺最後 20 年的變革延續與比較〉）；做為臺灣的首任巡撫並主導臺灣洋務運動，他扮演最為關鍵的角色。

一、流程變革的延續與加速

　　前文提到，接手改革的丁日昌試圖將吳淞鐵路所拆除部分移建於臺灣，而在 1877 年（光緒 3 年）被繼任者擱置。在 9 年後，劉銘傳於 1887 年正式奏請在臺灣修建鐵路，他的理由又與丁日

昌當時不同：丁日昌偏重臺灣洋務運動中較不受
阻礙的消極性因素，劉銘傳則掌握了當時臺灣社
會與經濟的積極性因素。

臺灣鐵路最初採取官督商辦。由於民辦就是
商辦，所以資本完全是商股；資金是由民間集資
而來，待鐵路完工後由鐵路「營收分年提撥償還」
商股，等商股還清後，鐵路就轉成國有。但是，
事情並沒有想像中順利，因為「商股觀望不前」，
鐵路資金籌措困難，只好收回「官辦」；當時福
建省每年仍支援臺灣 44 萬兩，已有 104 萬兩的
存額，這筆錢原本是要用來建設臺灣府城（劉當
時新選臺灣省會為臺中），為了建設鐵路只好先
挪用。

在鐵路建設相關器材的採購，甚至外國工程
師的雇用上，已經可以看到外國商人介入關說的
身影：德商泰來洋行（Telge & Co.）和臺灣機器
廠的德國籍工程師遊說劉銘傳採購德國貨；劉銘
傳也另外向英商怡和洋行購買英國貨。其次，鐵
路監造全部聘用外國工程師，由於與本國的軍功
工程配合不佳，進度緩慢，直到 1891 年（光緒
17 年）才完成第一段台北到基隆的工程，兩年

後才往南到新竹。繼任的巡撫邵友濂奏請停工，殊爲可惜。

臺灣鐵路建設在劉銘傳大力推動下，在1893年時全長已達 100 公里左右，爲中國第一條「官辦」的鐵路。縱貫鐵路當時作用不大，但是對臺灣整體經濟型態確實產生重大的影響。到了日本統治期間，縱貫鐵路被日本反過來利用，成爲整編殖民地、支配經濟結構的重大因素。

二、技術變革的擴大與提升

這裡以電線架設爲例，劉銘傳承襲沈、丁兩位自 1874 年後的前期洋務運動經驗，由國人自行架設陸上電線，水線則因技術問題交由洋商承辦。雖然經費依然困難，劉銘傳也採「就地理財」的政策，並未依賴外債，而是別出心裁地向洋商「分期付款」，兩年歸還且不付利息，可以說是假外國人之手投資臺灣基礎建設，用心良苦。

到了 1888 年（光緒 14 年）臺灣建省時，全臺灣的電線鋪設也告完工，北從雞籠（基隆）南至打狗（高雄），台北有水線連至大陸的福州，台南有水線連至澎湖。整個龐大工程的經費由釐

金撥支，[4]不足部分則由在地的「茶商」贊助，因為「臺地安設電線，於茶商最為得益」。由此可以看出，當時臺灣的經濟型態確實開始轉變，原本為國防需要的洋務建設，卻轉變為民間投資、中產實業的社會基礎建設，民間資本此時已開始活躍，這也是臺灣洋務運動後期的社會特徵，值得我們留意的。

如同之前的鐵路，這些原本為了臺灣防務所做的建設與投資，不久後卻反而被日本人接收。在 1895 年後，日本人充分利用臺灣洋務運動的成果，還說：「臺灣電線，給予我征台軍非常的便利」。由沈葆楨、丁日昌到劉銘傳的苦心經營，卻大大幫助了日本人的征服臺灣，連日本侵略者都忍不住要讚美一下，現在人們回顧 1895 之前的洋務運動成效時，能夠否定前 20 年的基礎建設嗎？

三、結構變革的細緻與合理

4　釐金又稱釐捐、釐金稅。晚清實行的一種行商稅。在水陸要隘設立關卡，徵收過往商品百分之一的捐稅。百分之一為釐，故名。

　　前文分析，由於臺灣人口快速增加及經濟快
速擴張，清末舊有的行政區劃已不符施政需要。
在 1874 年牡丹社事件後沈葆楨曾做過一次調
整，平衡南北、充實治理結構，但仍然無法配合
當時社會及經濟變動。

　　臺灣建省後的行政區域，在劉銘傳實地勘查
後又一次大幅變革，除臺北府外（府城於 1884
年建成），又將臺灣府改爲臺南府，另於中部（臺
中彰化橋孜圖）置臺灣府，並擬定省會，全省增
至 3 府、3 廳、11 縣、1 直隸州（計有：臺北府、
淡水縣、新竹縣、宜蘭縣、基隆廳、臺灣府、臺
灣縣、彰化縣、雲林縣、苗栗縣、埔裏社廳、臺
南府、安平縣、嘉義縣、鳳山縣、恆春縣、澎湖
廳、臺東直隸州），可以說是未來百年臺灣行政
區域的藍圖。

　　日本統治臺灣後雖也有變動，但大體上都依
此行政區劃施政；甚至今日臺灣的行政區劃也大
致符合劉銘傳時代的規劃。由此可見，自沈葆
楨、丁日昌到劉銘傳當時確實依臺灣社會發展的
情形，進行奠基性的行政區域連續調整。

　　如以變革的角度來看，劉銘傳時代的行政區
劃調整重點在於：更深入過去無法有效控制的區

域，又將各縣管轄縮小，有利政令切實監督、推
行，爲後來土地清賦事業（見下文）作了準備。

四、全面變革的潮流與轉折

自沈葆楨採取「就地理財」的政策，對於臺
煤產銷、減稅改革以來，劉銘傳也承續此一財政
方向，而提出「清賦」事業的變革，上書北京〈奏
請丈量台灣田畝清查賦課摺〉。清賦事業的目的
雖是增加田賦收入，「以臺灣本地之財，供本地
之用」，但還具有改變土地制度的功用，將明末
兩百年來的積弊（例如未列管的「隱田」）下手，
而實施「清丈土地」和「清理賦課」，清廷於 1887
年（光緒 13 年）5 月諭准，付諸實行。劉銘傳
接旨後在同年 6 月，告示民眾，闡明清丈趣旨，
並附示「清丈章程」。

（一）清賦：現代化前夕的奮鬥

劉銘傳這種良好的土地制度是爲島上全民
著想的，加速土地所有權近代化的功能，連帶改
變臺灣社會經濟的結構，讓民間資本不再一直流
向少數大地主，促進了介於大地主階層與下層耕
佃戶的「小地主」，也就是「中間階層的新經濟
勢力」的崛起。但是，首先受害者就是仗靠不良

制度下的特權份子，這些特權份子不甘利益受
損，就聯合台灣的土豪劣紳拼命的反擊，例如施
九緞抗爭事件等。如此，引起劉銘傳的窘困，所
以他在職六年有餘後，在 1890 年（光緒 16 年）
7 月，被迫辭去台灣巡撫職務。接任的邵友濂，
把劉銘傳時代的各種近代改革事業幾乎都撤消。

在現代化的前夕，劉銘傳面對臺灣複雜的土
地制度，清丈臺灣的土地，並且傾向取消大租
戶，便於徵收田賦。但遭遇大租戶嚴重反彈，於
是實施「減四留六」的措施，讓大租戶只保留六
成，剩餘四成交小租戶，確立小租戶為地主。整
個丈田清賦的工作花費三年半完成，結果極為可
觀。臺灣田地面積登記從賦前 7 萬餘甲，增加了
4 倍，共約 30 萬甲列冊。清賦不但使過去相當
於地下經濟的「隱田」數目大幅減少，破除二百
多年來大租戶與小租戶之間包攬欺瞞的積弊，也
使當時台灣官府的稅收增加大約 3.3 倍。

（二）清賦引領中間階層的新經濟勢力

小地主勢力在清賦運動後崛起；但是，清賦
過程出現不少瑕疵並損及許多人的既得權利，最
後甚至激起民變，例如：在 1888 年時彰化地主
施九緞為首的數百人攻擊鹿港、彰化縣城。雖

93

然，事前劉銘傳料到可能會有反抗事件，先令各縣府完成「戶口整編」，以辦理「保甲」事務，但沒有起太大作用，仍發生上述的施九緞事件。

歷史諷刺的是，劉銘傳重編的保甲資料卻在日後日本人統治臺灣期間作了最大的利用，有利其掌控臺灣社會。日本於 1895 年佔領臺灣後，以「東洋拓殖株式會社」、「三菱株式會社」等財閥為幫兇，以武力為後盾，強硬掠奪臺人的土地以扶植日本的資本。當時繼續以遊擊戰抵抗日本人的，正是以小地主與農民為主的勢力，包括武裝抵抗釀成悲劇的林圯埔事件。這都是 1887 年清賦事業重新確定土地所有權所造成的影響。劉銘傳的清賦事業確實是讓臺灣走向資本主義發展的轉折點，使臺灣的土地所有權邁向近代化，發展成資本主義的社會。

綜觀前述各項，自 1874 年以下的臺灣洋務運動，含括五大變革內容，亦即**戰略變革、結構變革、技術變革、流程變革、文化變革**，其推行的各種現代化產業，是一種對社會基礎轉型的投資。在這些事業發展的過程中，尤其是後期洋務運動由劉銘傳主事時，不斷鼓勵各種民間企業加入，刺激民間資本，因此臺灣洋務運動（1874

～1894)本身最大的貢獻就是加速民間資本的成長，推動臺灣社會經濟邁進資本主義經濟的型態。我們可以說，「清賦」事業本身就是最重要的變革手段，對以後臺灣的社會、經濟發展產生了深遠的影響。

　　雖然，牡丹社事件後諸如清賦事業等等，這些臺灣洋務運動的成果，在 1895 年以後由日本全盤接收；然而，於 1898 年起日本逐步推行殖民地經濟的體制，臺灣經濟快速成長，但史實明確是建立在清朝末期的努力與臺灣先民的血汗之上。

　　以上各項成果歷歷的洋務運動，其前導者和經營管理思想的肇基者正是牡丹社事件後「創格做為善後」的沈葆楨。因而，關於前述的研究公案—誰是臺灣近代化基礎的奠定者？本研究基於史實認為時間必需提早 20 年以上，追溯到 1874 年沈葆楨的引領變革，其破除海禁、族群隔離等措施，具有去除政經鴻溝、打破管轄疆界的作用，他做為劉銘傳的先驅者而應加以讚揚，但答案絕非是接收成果的日本殖民者！

表 3 晚清在臺最後 20 年的變革延續與比較

比較	沈葆楨（1874-1875）	丁日昌（1875-1877）	劉銘傳（1884-1891）
對臺灣見解與理念	1 為沿海七省的門戶； 2「以創始為善後」； 3 消極治理應轉積極。	以臺灣為南洋防務中心。	使臺灣成為最現代化省分之一。
戰略變革、文化變革： 民政與財經改革	1 奏請廢除渡臺禁令，鼓勵漢人來臺開墾； 2 奏請建設延平郡王祠以表彰忠義。	1 嚴懲貪官污吏； 2 清理賦稅、廢除雜稅； 3 提倡開礦； 4 重視茶樹、咖啡等經濟作物的栽培。	1 清丈田畝、重定稅則、大租減 4 留 6~使「臺省之財供臺省之用」； 2 整頓釐金、關稅，加強樟腦、茶葉管理。
戰略變革、文化變革： 開山撫番、撫墾教育	1 分北、中、南 3 路進行開墾； 2 廢除漢人入山耕墾禁令； 3 積極推動「化番為民」。	採取懷柔政策。 1 重視人才培育，首開原住民錄取功名； 2 設立漢番界址，保障原住民利益； 3 教導耕作，培養能自力更生。	恩威並用，剿撫兼有。 1 設撫墾總局於大料崁； 2 撫墾具「官紳合治、軍務墾務合一」性質； 3 於臺北設立「番學堂」。

技術變革、流程變革：礦務、交通與建設	1 基隆設機械採煤場； 2 購買新式輪船，以利往來臺、閩。	1 鐵路：計畫興建未果； 2 電報：府城至旗後、安平 2 條管線； 3 續開基隆煤礦。	1 鐵路：臺北設鐵路總局，完成臺北～基隆路段； 2 電報：臺北設電報總局，完成基隆、淡水～臺北～安平； 3 海底電纜：臺灣～福州； 4 新式郵政：臺北設郵政總局。
技術變革：國防與教育	大小鯤鯓砲台：億載金城與安平小砲台。	增購鐵甲船與水雷、大砲。	1 添購軍艦、增設砲； 2 設立機器局與軍械； 3 創辦中西學堂、電報學堂。
結構變革：行政區劃、城市建設	1 擴增 2 府 8 縣 4 廳； 2 修築恆春城與鵝鑾鼻燈塔。		1 改為 3 府 1 州 11 縣 3 廳； 2 建設臺北城號稱「小上海」。

（資料來源：作者自繪）

本單元參考書目

尹章義、陳宗仁：《臺灣發展史》，臺北：交通部
　　觀光局出版，民國 89 年 2 月。

周憲文：《清代臺灣經濟史》，臺北：臺灣銀行經
　　濟研究室，1957 年。

周憲文：《臺灣經濟史》，臺北：開明書局，1980
　　年。

林滿紅：《茶、糖、樟腦業與臺灣之社會經濟變
　　遷（1860-1895）》，臺北：聯經出版事業公
　　司，1997 年。

張隆志：〈劉銘傳、後藤新平與臺灣近代化論爭
　　—關於十九世紀臺灣歷史轉型期研究的再
　　思考〉，收於國史館主編，《中華民國史專題
　　第四屆討論會民國以來的史料與史學論文
　　集》，臺北：國史館，1998 年。

陳紹馨：《臺灣的人口變遷與社會變遷》，臺北：
　　聯經出版事業，1979 年。

馮用編輯：《劉銘傳撫臺前後檔案》，臺灣文獻叢
　　刊 276 種，臺北：臺灣銀行經濟研究室，1969
　　年。

（清）劉銘傳：《劉壯肅公奏議》，臺灣文獻叢刊

27 種，臺北：臺灣銀行經濟研究室，1958
年。

蘇同炳：《沈葆楨傳》，南投：台灣省文獻會，1995
年。

重新閱讀沈葆楨

在 1874 年的歷史轉折，沈葆楨治理臺灣可以有很多的選擇，但是他並不迴避挑戰，勇於選擇變革，「堪笑翰林陶學士，一生依樣畫葫蘆」。以今日的眼光檢視他的選擇和變革的基本方法，是符合進步的管理模式的。

領導變革的評價

依照一般認定的歸納原理，變革管理的三項基本方法，都被沈葆楨運用與實踐：（1）解凍：沈先生承認之前清代中國對臺治理的情況不好，他的各項連續奏摺均釋放出原先被掩蓋的地方與組織的不利訊息：當時消極治臺的政策造成吏治營政不清、社會治安敗壞、民俗違紀不良、海防陸守俱虛、學術教育不明、烟賭盜匪猖獗……等等，使人易生「臺灣番境不利中國版圖」之心，一如前文各節所詳述。（2）改變：他善用走動式的管理，經澎湖而從台南登陸，南到恆春，北至台北，利用溝通與引進新的建制，巡撫駐臺使當時福建與臺灣的經營團隊緊密結合，並

構成學習型組織，使組織成員逐漸接受改變，實踐正向價值的觀念，例如破除海禁、打破番漢隔離政策等。（3）謀定而後動：沈先生在大約一年的時間裡，先確定變革戰略，擬定明確的目標、環境評估、行動方案與各種配套措施。他打通了臺灣現有北、中、南橫貫公路的雛形，開啟了南北均衡的局面，臺灣就地理財、財政自足的格局，引進了新的計數與經營模式。

變革是需要適當的領導人。在牡丹社事件發生後，清廷派欽差大人沈葆楨赴臺「欽差辦理臺灣等處海防兼理各國事務大臣，以重事權」，在軍事緊急之際可謂最正確的派令。「沈葆楨德望冠時，才堪應變」（《福建臺灣奏摺》，江蘇巡撫吳元炳摺，第 7 頁），又熟悉洋情，赴臺前從 1867～1874 年（同治 6 年至 13 年），督辦全國船政，製成「萬年清」以下兵輪船 20 餘艘。正因為沈先生熟悉洋情、洋務、又精於吏治，所以他所提治臺各項措施，舉凡聯外交制日、移駐巡撫、開山撫番、建鄭成功祠、或調兵遣將……等等，清廷無不配合，並且欣然接納，立即實行。事實也證明，在當時臺灣容易產生列強覬覦的環境，加以各國軍事的侵略野心，例如日本藉口牡丹社生

番殺害琉球民眾而犯臺，此理由並不充足，致使英、美等國亦不恥日本侵略舉動，分別勒令禁止船隻借調、人員幫助，可見對於臺灣經營的變革，只要運用得當既是必要，更需周延。

從 1874～1894 時期 20 年的後續經營，沈先生領導變革政績可說是明顯的，最值得稱道者即是他治臺導入當時中國最先進的洋務運動，「是以整個中國來治臺」，這一觀念與方法不但當時正確，今日回顧也都屬因時制宜，適地適所。

因此之故，其死後，1979 年（光緒 5 年）12 月，清廷禮部咨文稱：「其巡撫臺灣，於撫番、開山各事，尤為不辭勞瘁，弭患無形」、「並准其在江西省城及立功各省分建立專祠，以彰忠盡」（《福建臺灣奏摺》，禮部咨文，第 13 頁）。又經十年之後，1989 年（光緒 15 年）臺灣士紳候選道林維源、選用主事鄭如蘭、工部主事徐德欽等 21 名官員仕紳聯名呈請：在臺建沈葆楨專祠（馮用輯，《劉銘傳撫臺前後檔》，第 2 冊，〈臺南府轉行巡撫劉銘傳批發紳士施世等洁呈請建立沈葆楨、吳贊誠專祠呈文〉，光緒 15 年 4 月 24 日扎，第 166～167 頁），可見沈葆楨在臺的變革治績及功勞，也為臺地各界人士所認同，念念不

忘。這些證據，說明牡丹社事件日軍侵臺，清廷派沈葆楨赴臺治臺是最適當的。

變革管理與領導互為表裡

本文前已剖析沈葆楨如何破除海禁、隔離等政策，進而打造東西三條橫貫公路的雛形，平衡南北建立臺北府，以東西南北的全面內政充實，取代單線建構的國防思維，這些連串具有開創的戰略變革，如何影響臺灣後續的各項發展。這裡將回顧他本身表現的領導者的作用、變革方法、變革特徵進行歸納，並且對於他的領導能量所表現的成效，做一簡明的評論。

一、領導者的作用

關於領導變革，沈葆楨做為個案是具有「典範」的指標。第一，做為主政者或決策者，他管理變革可有多種方法，但他是否為良好的領導，則是指對他人施加積極的影響。本文在分析沈葆楨發動「變革領導」（非單指變革而已），是指他同時鼓勵其他人謀求變革的過程。變革領導不僅止於領導人自己進行變革，更進而對其他人員和組織發揮積極的影響，從而實現組織變革和願

景的過程；而這正是 1874 年沈葆楨理臺的積極
成效。

第二，從劉銘傳上溯幾位臺灣政經變革的領
導人，沈葆楨是符合「現代定義的領導」，在今
日的標準檢視下，他毫不遜色。也就是當前新的
觀點下，領導是指：樹立一個積極的榜樣，信守
承諾，劍及履及，能激發團隊的熱情，並影響他
人為理想和目標奮鬥。誠然，他為後繼的巡撫樹
立一個變革的典範，也深刻影響丁日昌與劉銘傳
的後續努力。

第三，值得討論的是，沈先生的實踐更具體
區分傳統領導觀與新型領導觀兩者，這一指標關
鍵在於：傳統領導者之領頭的決策角色一旦退
下，其他的成員就沒有了方向。然而，新型領導
者是講究團隊合作、再接再厲的精神與機制，一
旦領導者退下，就會有另一個領導者馬上補位，
繼續變革的努力。我們回顧自 1874 年臺灣的洋
務運動，實則有沈葆楨、丁日昌與劉銘傳的承先
啟後「變革接力」的模式。

最後，在前後 20 年之間（1874~1894），
我們也看到了變革管理中三種不同風格的領導
者，以不同的形式出現在這一變革接力的模式

裡：（1）宣導者：追求變革，進行觀念的宣揚
與推展；（2）高瞻遠矚者：能預見未來前景，
並化做變革的目標與規劃方法；（3）服務者：
促成或幫助實現願景。相較於同時期的無數其他
官員，沈葆楨、丁日昌與劉銘傳的表現確實不同
凡響。而他們三人表現的角色也「兼具領導者與
管理者」兩者，既是管理者—即前期變革政策的
複製品，更是領導者—即自己的每一新階段變革
的原創品。有一句話把領導跟管理的差別，形容
的很好：管理是「to do the things right」（把事
情做對），領導則是「to do the right things」（做
對的事情）。所以，管理通常重視處理現在、眼
前的事情，領導常常想的是未來、遠景的經營。

二、變革的方法和特徵

　　前文曾經指出，沈葆楨、丁日昌而至劉銘傳
的實踐內容，是具體的源自沈先生領導的五大變
革，亦即**戰略變革、結構變革、技術變革、流程
變革、文化變革**，是一種可加以檢驗的運作模
式。以今日的管理科學來看，領導變革約有六種
基本的變革方法，分別是：（1）尊重法律的方
法；（2）辨證方法；（3）改換領導法；（4）

說服法；（5）強制法；（6）規範再教育法等六種變革管理的戰略。當然，領導者可以使用其中一種或多種；而事實上，這些方法可見於 1874 年之後洋務運動的過程。此外，一般學理都主張，每一種變革方法，都建議採用一種不同的領導方式；然而沈葆楨、丁日昌而至劉銘傳的實踐，說明變動的世局中，變革的成功與否，除了領導方式之外，外在環境的各種條件也是關鍵所在。

　　不同的領導角色運用不同的方法，當然會產生不同的變革特徵。在 1874 年沈先生領導的五大變革內容，是一種可加以檢驗的運作模式，從前文各節研究，此一變革的特徵主要如下：

1. 檢驗變革領導的主要內容，最易辨識的就是流程再造、結構重組和文化變革，而這些現象在牡丹社事件後的臺灣是明顯的。

2. 本文研究說明，很多變革工作涉及不只一種變革類型，常是全盤與全面的。

3. 由沈葆楨、丁日昌而至劉銘傳的實踐變革，是由上而下的發動，是晚清中國主政者最高層跟中級管理層聯合領導臺灣變革，變革成功的效益就增大。

4. 變革會受到內部和外部環境等多種的因素驅動，特別是當時列強勢力的競爭和在地化管理的成本控制，例如在臺灣「就地理財」政策的現實性。

5. 財務改善、經營績效和利害關係人的滿意度方面的資料常常被當作衡量成功變革的（正面）標準，而輿論資料，例如批評與抗爭，則常常被視為變革失敗的（負面）依據。在沈葆楨的變革案例裡，衡量成功變革的標準似乎因為文化變革而大增，例如為鄭成功建專祠、尊重人民信仰等「以順輿情」的引領作用。

6. 變革政策的成功跟宣導者的明確態度、有力支援有極大的關聯，附屬成員知道他們必須怎麼做才能支持變革，為變革提供充足的資源。

7. 特定政策變革的失敗跟領導效率差、錯失機會或相互衝突有極大的關聯。在劉銘傳的清賦變革案例，民變抗爭被當成對他的失敗指責，而丈量增加的土地、中間經濟階層的崛起和稅賦增加數據，又成為衡量成功變革的標準。但前者的壓力直接造成他的離職，乃至於變革的中斷。

8. 變革成功跟如何均衡正面的和負面的因素，三

者之間有極大的關聯。

以今天的眼光看來，以上這些特徵對於變革領導是具有啟示作用的。歷史上，變革常招致抵制或反對，北宋王安石〈詠孟子〉一詩中所云「舉世嫌迂闊」，正是變革必需面對多方的阻力，領導變革常是孤軍奮戰、寂寥落寞，又是風範難尋、標竿欠缺，最後淪為不了了之的心情寫照。全詩云：「沉魄浮魂不可招，遺篇一讀想風標。何妨舉世嫌迂闊，故有斯人慰寂寥。」所以，以北宋王安石變法失敗的心情，更可以理解晚清沈葆楨變革領導的難能可貴。

是的，變革領導是需要「想風標」，尋求異代知己的標竿引領的，因而我們探索成功的個案，高舉學習的榜樣，就更具正面、積極的意義。

三、變革領導，始於創新，終於激勵

所有人都一致認為，在變革中領導者必需發揮一定的積極作用。從所有的個案研究結果，領導者實施變革時，對他人施加影響的能力跟他們本身所具備的基本素養與核心能力有緊密關係。這些基本素養與核心能力至少包括：解決變革中遇到的阻力、克服變革阻力的戰略、將理論

應用於變革的方式、抗拒變革壓力、溝通的重要性、建立信任、迎接跨文化領導力的挑戰…等。在 1874 年的牡丹社事件後，開啓臺灣新的發展格局，變革領導者的能力更需要「**以創始為善後**」，卻又敏銳果斷，完成於文化的變革與士氣的激勵。這就是沈葆楨做爲變革領導的重要使命！

歷史固然說明，19 世紀末期的臺灣洋務運動（1874～1894）的失敗，使得在地的社會必需「經由殖民主義取得工業近代化」的發展，但是重大的教訓是「在地的回應」（localization）必須有更好的安置，才能在外來的衝擊下，求得經濟和社會的健全發展。這就是領導變革的重要所在！牡丹社事件後 20 年，臺灣終究淪爲日本殖民地，清末洋務運動歸於失敗，剛萌發的在地的資本主義只得在日本殖民主義的裂縫中生存，等待下一波的歷史洪流，尋覓長成自我主體的社會的任何契機。

本單元參考書目

史帝芬‧鮑姆 （Stephen H. Baum）、戴夫‧康堤（Dave Conti）著：《器量 — 領導品格的十個歷練》（"What Made Jack Welch -- How Ordinary People Become Extraordinary Leaders ?"），臺北：商智圖書；2008 年 2 月出版。

布雷克（J.S. Black）、葛雷格森（H.B. Gregersen）原著，溫瑞芯譯：《變革地圖》（J.S. Black & H.B. Gregersen (2002), "Leading Strategic Change: Breaking Through the Brain Barrier"）；臺北：臺灣培生教育；2004 年 11 月。

哈葛洛夫（Robert Hargrove）著，胡菁芬譯：《知識時代變革管理》，臺北：中國生產力出版社，2001 年。

柯連佐（Michael Colenso）著，何喻方譯：《改善策略－成功的組織變革》，臺北：臺灣培生教育，2002 年。

科特（John P. Kotter）、拉斯格博（Holger Rathgeber）：《冰山在融化：在逆境中成功

變革的關鍵智慧》（Our Iceberg is Melting）
，臺北：聯經出版公司，2007 年 4 月。

科特（John P. Kotter）等，潘東傑譯：《引爆變
革之心》，臺北：天下遠見出版社，2002 年。

科特（John P. Kotter）著，周旭華譯：《變革》，
臺北：天下遠見出版社，2000 年。

科特（John P. Kotter）著，邱如美譯：《領導人
的變革法則－組織轉型成功的八步驟》，臺
北：天下遠見出版社，2002 年。

聖吉（Peter Senge）等著，廖月娟、陳琇玲譯：
《第五項修練：Ⅲ 變革之舞》（上、下），
臺北：天下遠見出版社，2001 年。

附錄：職官說明一覽表

（按筆劃順序排列）

官名	說明
千總	清代綠營兵編制，營以下為汛，以「千總」、「把總」來統領，稱為「營千總」。
主事	職官名，為各官署單位中的主要職司官員，位階在正、副主官之下，與郎中、員外郎相當。工部主事，依清制，為正六品官。
布政使	明代洪武九年，廢「行中書省」，改設「承宣布政使司」，長官由原行中書省參知政事改稱布政使。後為加強統治力量，又專置「總督」、「巡撫」等官，位在「布政使」之上。康熙六年後，在每個直轄省亦設「布政使」，主管一省的財賦、人事。
守備	明清時武官名。清代為綠營統兵官。
巡撫	清代正式以巡撫為省級地方政府的長官，地位略次於總督，但是兩者同級。

兵備道	明代原本設置「兵備道」至總兵處整理文書，參與機要的臨時性差遣。後來在各省軍事要衝設置整飭兵備的道員，稱為「兵備道」。
知府	明代開始正式稱「知府」，是一府的最高行政長官，管轄數個州、縣。
兩江總督	康熙二十一年合併江南、江西總督稱為兩江總督。綜合治理江蘇、安徽、江西三省軍務、糧餉，後來又兼兩淮鹽政。同治五年加上五口通商事務，兼任南洋通商大臣。
記名提督	「記名」為清制，官吏有功績，交吏部或軍機處記名，以備提升。記名提督即「記名」之提督。
候選	清制，京官自郎中以下，地方官自道員以下，凡初由考試或捐納入仕，以及原官因故開缺依例起復，皆須赴吏部報到，聽候依法選用，稱為候選。
理番同知	「同知」是官名，各官衙長官的輔佐官，也就是副長官。到清代，在地方各府、州中，「知府」之下置「同知」，「知州」之下置「州同」。並在河道官中置「管河同知」等官。

將軍	清代的將軍分成三類：一是八旗駐防軍的高級將領；二是宗室封爵名；三是戰時派遣的統兵元帥。
道台	對「道員」尊稱。始於明代，清代時成為省以下府州以上之行政長官。清末又於各省置「巡警」、「勸業」二道各司其事，亦通稱「道員」，尊稱「道台」。
提督	清代「提督軍務總兵官」的簡稱，是地方的高級軍事長官，受「總督」或「巡撫」指揮。
參將	明清武官名，位次於副將。（層級為總兵－副將－參將）
遊擊	武職官名，源於漢，稱遊擊將軍。清代時與參將之地位、官階、職務相當。
編修	明代於翰林院設置「編修」，清代也是，並選每次科舉進士第二、三名任官。
監察御史	主要任務是負責監察公務人員的表現、賦稅狀況、農業和糧倉情況，以及社會治安狀況。在明、清時代，「監察御史」分道負責，所以分別加上某某道之地名。
翰林院庶吉士	翰林院設庶常館，並在新進士中選出名次較高、年齡未甚老且善於

	書法文章者，不授他職，入館學習，以三年為期，期滿考試獲留職者晉升為翰林院編修、檢討。
總兵	是「總兵官」的略稱，為統轄部隊鎮守一方的重要武職。
總督	清代開始正式以「總督」為地方最高長官，管轄一省或二、三省。
糧臺	清代行軍時沿途所設經理軍糧的機構。沈葆楨曾兼辦廣信糧臺，即辦理設於廣信之糧臺的事務。

編 後 語

編輯《西灣文庫》是個新的嘗試，我們試著讓大學人文科系中所教授的課程更普及些，使更多人有接觸更多面向的知識的機會和可能性；我們試著將大學教授們的研究項目和專業知識，以更活潑、更有趣的方式呈現，讓閱讀這件事更生活化、更沒有壓力，讓更多人願意隨時坐下來，翻翻書。

文庫第一輯 5 冊在 2009 年 12 月出版，是以本校文學院為試做的起點，如今的第二輯，我們試著邀請院外和校外的學者，各就其專長，以人文關懷和學術普及化為共同準則撰寫文稿，在力求口語化和簡明曉暢的寫作要求下，盡可能保留各自發揮的空間。第二輯的 5 冊，在體例上仍依第一輯的原則，並不強求完全一致，一方面在形式上盡可能避免學術論文的嚴格規範和論證，另一方面，在精神上仍保持學術的嚴謹性，同時盡可能引發讀者的興趣，以及自行深入挖掘的空間，故於各章之後既有參考書目，亦同時存在延伸閱讀的書目資料。對於讀者而言，參考書目即可做為自行深入挖掘的起點，因為其中所列的，多半就是學者的專門著作。在字數方面，文庫中的每一單冊仍然是以二萬五千至三萬五千字為原則，因為這大約是

在輕鬆閱讀的狀態下，二個小時左右可讀完的量。每一單冊又分為四至八個單元，以閒暇、零碎的 15 分鐘，就可以閱讀完一個單元，這也是當初設計文庫時，希望達到推廣閱讀的目的時的考量。

文庫第二輯的內容，包括了台灣民間信仰、現代流行樂曲、現代詩、台灣近代史，總的來說，在時間上是以台灣近現代為主要範疇，既有清末時的台灣，亦有現代的台灣；在觀察的面向上，則有文學的、音樂的、民俗的、歷史的。相較於現今過多的政治性描述，這幾個面向或許能讓人們更樂於閱讀台灣。希臘戲劇是本輯中較獨立的主題，但其內容結合了古典與現代；論述中包括了文獻與出土文物；觀察的角度兼及理論與實務。將這樣的書放在第二輯中，對於擴展閱讀視野，應該是有所助益的。

「閱讀」讓我們更快地認知這個世界，也讓我們重新面對和檢視自己原有的認知：就知識的層面而言，既是外在的拓展，同時也是內在的深化；就心靈的層面而言，更是自我素養的提升。如果較為空閒，請泡壺茶，坐下來，翻翻書吧！那怕只有些零碎時間，翻開書，閱讀一、二個小單元，也是好的。

國家圖書館出版品預行編目資料

1874年沈葆楨的變革管理 / 李清潭著. -- 1版. -- [高雄
市] : 中山大學出版社, 2010.11
　117面 ; 11x17.5公分. -- (西灣文庫. 第二輯 ; II-4)
　ISBN 978-986-86641-2-8(平裝)

　1.(清)沈葆楨 2.領導統御 3.行政改革 4.臺灣史

733.2768　　　　　　　　　　　　　　　　　99019558

so 西灣文庫 | 第二輯 cs II-4

1874 年沈葆楨的變革管理

著 作 者 | 李清潭

封面設計 | 吳琇菁

版面設計 | 喻惠敏

印　　刷 | 翔淩商行

出 版 者 | 國立中山大學 出版社
　　　　　http://www.la.nsysu.edu.tw
　　　　　e-mail：nanako@staff.nsysu.edu.tw

電話 | 886-7-5252000　ext. 3000~3001

傳真 | 886-7-5253009

出版日期 | 2010年11月1版1刷

發行冊數 | 1000冊

定　　價 | 150元 / 冊　600元 / 套